Bernd A. Laska

—

Max Stirner

Bernd A. Laska

Max Stirner

Leben, Werk, Wirkung

Herausgegeben von
Christian Fernandes

Königshausen & Neumann

Bibliografische Information der Deutschen Nationalbibliothek

Die Deutsche Nationalbibliothek verzeichnet diese Publikation in der Deutschen Nationalbibliografie; detaillierte bibliografische Daten sind im Internet über http://dnb.d-nb.de abrufbar.

Gedruckt auf säurefreiem, alterungsbeständigem Papier
Umschlag: skh-softics / coverart
Umschlagabbildung: Das Foto von Laska links: Quelle: privat.
Das Bild von Stirner stammt aus:
https://commons.wikimedia.org/wiki/File:Max_Stirner_Skizze.png
(letzter Zugriff 31.01.2024)

Printed in Germany

ISBN 978-3-8260-8590-1
eISBN 978-3-8260-8591-8

www.koenigshausen-neumann.de
www.ebook.de
www.buchhandel.de
www.buchkatalog.de

Editorische Notiz

Gemäß einer handschriftlichen Notiz auf dem Deckblatt des Manuskripts hat Bernd A. Laska (*1943) sein Stirner-Buch am 27. September 1982 fertiggestellt. Dem Verlagsvertrag vom Juni 1981 zufolge sollte es in der von Kurt Kusenberg herausgegebenen Reihe *rowohlt monographien* veröffentlicht werden, wo im selben Jahr Laskas *Wilhelm Reich in Selbstzeugnissen und Bilddokumenten* erschien. Kusenberg ging dann aber in Ruhestand und sein Nachfolger, der Literaturwissenschaftler Klaus Schröter, lehnte das Stirner-Manuskript ab. Als Gründe nannte er u.a. die „unhistorische Perspektive“ (Stirner als Vorläufer von Freud bzw. Reich) sowie das Problem, dass „Ihre Darstellung immer mehr zu einer Montage von Stirner-Zitaten und damit zu einer Art Stirner-Reader wurde.“

Nach einigem Hin und Her erklärte sich Schröter bereit, eine zweite Meinung einzuholen. Der Verlag beauftragte Bernd Kast, der 1977 in Mainz über *Die Thematik des „Eigners“ in der Philosophie Max Stirners* promoviert hatte. Sein Gutachten vom Februar 1983 fiel verheerend aus: „Eine Arbeit, die Stirners parodistischen Gegenentwurf zu Hegels Geistphilosophie nicht erkennt, die zu sorglos mit der vorliegenden Literatur umgeht, anstelle sie zu verarbeiten, auszuwerten. Eine Arbeit, die weder neue Erkenntnisse in bezug auf Stirner bringt, noch die vorliegenden Arbeiten angemessen wiedergibt.“ Schröter sah sich durch das Votum des Experten bestätigt. Für die bereits erbrachten Mühen des Autors einigte man sich außergerichtlich auf eine Entschädigungszahlung in Höhe von 1.000 DM.

An einen im Januar 1982 abgeschlossenen Vertrag mit Rowohlt über eine Monografie zu dem Pädagogen Alexander Sutherland Neill fühlte sich Laska nun seinerseits nicht mehr gebunden, fand aber schnell ein neues Betätigungsfeld. Durch Zufall entdeckte er den französischen Aufklärer Julien Offray de La Mettrie (1709–1751) für sich und begann, dessen wichtigste Schriften ins Deutsche zu übersetzen. 1985–87 erschien eine vierbändige, mit ausführlichen Einleitungstexten versehene Ausgabe im eigens dafür gegründeten LSR-Verlag. LSR steht für La Mettrie, Stirner, Reich, denen Laska eine gemeinsame meta- oder paraphilosophische Position zuschreibt: die „Negation des irrationalen Über-Ichs“. (Vgl. www.lsr-projekt.de) In einem handschriftlichen Vermerk vom 25. Dezember 1987 über die Entstehung des LSR-Projekts schreibt er: „Jetzt bin ich froh, daß die romono damals abgelehnt wurde. Wäre sie gedruckt worden, hätte ich als nächstes die über Neill geschrieben, wäre vielleicht nie auf … La Mettrie gestoßen“.

Stirner und das unveröffentlichte Manuskript hatte Laska freilich auch während seiner La Mettrie-Phase nicht aus den Augen verloren. 1986 gab er eine Neuauflage von Stirners kleineren Schriften heraus: *Max Stirner. Pa-*

rerga, Repliken, Kritiken. 1988 startete er den Versuch, die von Rowohlt abgelehnte Monografie als *Stirner zur Einführung* bei Junius unterzubringen. Nach anfänglichem Interesse schätzte der Verlag die „Marktchancen" für einen solchen Band jedoch als zu gering ein.

1989 klopfte Laska erneut bei Rowohlt an. Als Herausgeber der *romono*-Reihe fungierte jetzt Wolfgang Müller. Die erste Reaktion war überraschend positiv: „Ihr Exposé und auch Ihr Rohmanuskript [textidentisch mit: „Zur Einführung: Die Stirner-Rezeption", s.u.] haben einen überaus überzeugenden, um nicht zu sagen souveränen Eindruck auf uns gemacht. Wenn Sie also willens wären, uns einen Abgabetermin für Ihr Max Stirner-Manuskript zu nennen, stünde einem Vertrag unsererseits nichts mehr im Wege." In der Folge kam es zu einem längeren brieflichen Austausch bezüglich der Vertragsgestaltung, da Laska aufgrund seiner negativen Erfahrungen darauf bestand, den Standardvertrag zu modifizieren. Dann aber wurden die Verhandlungen „auf Eis gelegt", weil der Vorgang zum Anlass für den Verlag wurde, intern ein „grundsätzliche[s] Gespräch über die Zukunft der Monographien und die Bedingungen für ihre Autoren" zu führen.

Das war 1990. Eine Rückfrage Laskas von 1992 blieb unbeantwortet. Erst im August 1993 informierte ihn Müller über den aktuellen Stand der Dinge: „Die Liste unserer verabredeten Projekte ist so lang, daß wir bis zum Ausgang dieses Jahrhunderts mit Bänden versorgt sind. Ganz nebenbei spielt auch noch unsere Einschätzung Max Stirners eine Rolle. Seine Verdienste wollen wir nicht schmälern, wir fürchten jedoch mit einiger Berechtigung, daß das Leserpublikum sehr zurückhaltend auf eine Stirner-Monographie reagieren wird." Müllers „Bedenken" sind auch nach den letztmaligen Überzeugungsversuchen des Autors im Frühjahr 1994 „nicht geschwunden".

Unter www.lsr-projekt.de/miscmono.html hat Laska seine Sicht auf diese Vorgänge dargestellt.

2022 gingen das Manuskript und der dazugehörige Briefwechsel mit den Verlagen, aus dem oben zitiert wurde, als Teil des Vorlasses Laskas an das LSR-Archiv zu Hamburg.

*

Die Transkription gibt den ursprünglich 138 Schreibmaschinenseiten umfassenden Text von 1982 wieder und berücksichtigt die späteren Bleistiftkorrekturen aus Laskas Hand. Ein Prinzip der Edition war, möglichst viel Text zu präsentieren, auch wenn Laska einige Passagen nachträglich durchgestrichen hat, um Wiederholungen zu vermeiden. Wo mehrere Varianten einzelner Formulierungen zur Auswahl standen, mussten Entscheidungen getroffen werden. Diese betrafen allerdings nur stilistische Fragen.

Im Manuskriptordner fehlen die acht Seiten 120–127 zur Stirner-Rezeption von Karl Marx. Laska hat sie zwischen 1988 und 1990, als er erneut versuchte, das Manuskript zu veröffentlichen, intensiv überarbeitet. Die verbesserte Fassung des Marx-Kapitels, die im LSR-Archiv in einem schwarzen Schnellhefter mit der Beschriftung „Manuskripte II“ auf neun maschinenschriftlichen Seiten („Marx 1–9“) vorliegt, konnte für diese Ausgabe verwendet werden.

Laskas Bibliografie enthielt nur die Schriften Stirners und wurde um die zitierte sonstige Literatur ergänzt. Wie ursprünglich geplant, wurde sie zusammen mit den „Urteilen über Stirner in Zitaten“ an den Schluss der Monografie gesetzt, obwohl eine spätere Bleistiftkorrektur des Inhaltsverzeichnisses beide Abschnitte am Ende des Einleitungskapitels positioniert. Die als Endnoten angehängten Anmerkungen wurden in Fußnoten umgewandelt.

Zur Zitierweise: Anmerkungen, die sich auf mehrere Zitate beziehen, geben die dazugehörigen Quellenbelege (Werk und Seitenzahl) in der Reihenfolge an, in der die Zitate im Fließtext vorkommen. Einfache Auslassungspunkte („...“) signalisieren, dass der zitierte Text davor und danach in derselben Quelle zu finden ist. Auslassungspunkte in eckigen Klammern („[...]“) können zweierlei bedeuten: dass das folgende Zitat aus der nächsten angegebenen Quelle stammt – das ist der Regelfall – oder aus derselben, aber *vor* dem zuletzt zitierten Text steht.

Aufgrund der großen zeitlichen Distanz von über 40 Jahren zwischen Abfassung und Publikation der Stirner-Monografie schien es ratsam, die Edition mit dem jüngsten einschlägigen Aufsatz Laskas *Vade retro! Zur Repulsionsgeschichte von Stirners „Einzigem“* aus dem Jahr 2016 abzurunden. Darin wird, neben Karl Marx, Friedrich Engels und weiteren Klassikern wie Eduard von Hartmann, Friedrich Nietzsche, Rudolf Steiner, Carl Schmitt und Jürgen Habermas, auch neuere Literatur prominenter Autoren zu Stirner diskutiert, z.B. von Hermann Schmitz, Roberto Calasso und Peter Sloterdijk.

Christian Fernandes, Oktober 2023

Inhaltsverzeichnis

Zur Einführung: Die Stirner-Rezeption

Max Stirner war ein philosophischer Schriftsteller des 19. Jahrhunderts, der aus der Gruppe der sog. Junghegelianer hervorgegangen ist. Er ist vor allem durch *ein* Buch bekannt geworden: *Der Einzige und sein Eigentum*. Ende 1844 erschienen, hat es für kurze Zeit einiges Aufsehen erregt, ist aber noch vor der Revolution vom März 1848 in fast völlige Vergessenheit geraten. Erst Ende des Jahrhunderts wurde es neu entdeckt und wieder aufgelegt. Weitere Neuauflagen im Abstand von jeweils wenigen Jahren bis etwa 1930 zeugen von anhaltendem Interesse. Nach langer Pause erschien *Der Einzige* im deutschen Sprachraum erst wieder 1968 in gekürzter und 1972 in vollständiger Fassung.

Seit Anfang dieses Jahrhunderts sind außerdem eine Reihe von Übersetzungen in fremde Sprachen erschienen. Stirners Einfluß im Ausland, soweit er aus der Sekundärliteratur zu erschließen ist, blieb jedoch weitaus geringer als in Deutschland. In nihilistischen und/oder anarchistischen Kreisen Rußlands vor der Revolution vom Oktober 1917 blieb er so unbedeutend, daß Lenin über Stirner als ideologischen Gegner kein Wort verlor, während er sich z.B. mit dem politischen Linksradikalismus und dem philosophischen Empiriokritizismus gründlich und offensiv auseinandersetzte. In Frankreich wurden Stirners Ideen zunächst nur von „individualanarchistischen" Zirkeln aufgenommen, später von einzelnen Schriftstellern auch mit existentialistischen Ideen kombiniert: Arvon sah in Stirner einen „Vorgänger Heideggers",[1] Camus nannte ihn einen „nihilistischen Rebellen".[2] In Italien und Spanien, Ländern mit starken anarchistischen Bewegungen, hatte Stirner einen weitaus geringeren Einfluß als andere Theoretiker wie z.B. Bakunin, Kropotkin, Malatesta. Im englischen Sprachraum blieb das Interesse an Stirner wohl am geringsten: Die *Encyclopedia Britannica* kennt ihn erst seit 1974, nachdem 1971 eine erste umfassende Monographie über ihn erschienen war.[3]

Die Geltung Stirners in den anarchistischen Gruppierungen Europas und Nordamerikas ist stets gering, meist zudem zwiespältig gewesen. Er selbst hatte in seinem Zeitgenossen Proudhon, der oft als „Vater des Anarchismus" bezeichnet wird, einen theoretischen Gegner gesehen. Bakunin, Kropotkin und andere wichtige anarchistische Autoren späterer Zeit zählten zwar Proudhon, nicht aber Stirner, zu ihren Vorläufern, ja sie erwähnten Stirner kaum. Dennoch wird in Kompendien zum Anarchismus Stirner

---

1 Zit. n. Lübbe, Hermann/Sass, Hans-Martin [Hg.]: *Atheismus in der Diskussion. Kontroversen um Ludwig Feuerbach*, München 1975, 144.

2 Camus, Albert: *Der Mensch in der Revolte. Essays*, übertr. v. Justus Streller, Hamburg 1953, 55.

3 Paterson, Ronald W.K.: *The Nihilistic Egoist Max Stirner*, London 1971.

meist mit abgehandelt. Der Jurist Ernst Viktor Zenker, der Stirner 1895 in seine *Kritische Geschichte der Anarchie* mit aufnahm, sah in ihm den ersten Vertreter einer „anarchistischen Philosophie“[4] und zugleich „den deutschen Denker, der von der unbändigen Flut seiner Gedanken ... in ein nebelhaftes Wolkenkuckucksheim geschleudert wird.“[5] Paul Eltzbacher, ebenfalls Jurist, stellte in seinem 1900 erschienenen Werk über den Anarchismus Stirners Lehre als eine von sieben dar, die aus den „anerkannt anarchistischen Lehren“[6] hervorragen. Max Nettlau meinte 1925 in seiner umfassenden *Geschichte der Anarchie*, Stirner sei „meist mißverstanden worden, zu seiner Zeit und seitdem“, und hat deshalb versucht, ihn als denjenigen anarchistischen Theoretiker aufzuwerten, der „das Wesen der ‚freiwilligen Knechtschaft‘ [La Boétie][7] durchschaute ... und wie noch keiner vor ihm und gewiß wenige nach ihm ... vor den autoritären Gefahren warnte.“[8] George Woodcock hingegen, ein britischer Historiker des Anarchismus, zählt Stirner 1962, seiner amoralischen Lehre wegen, überhaupt nur ungern zu den Anarchisten.[9] Jan Cattepoel schließlich, ein weiterer Jurist, der 1979 eine breit angelegte Untersuchung zum Anarchismus vorlegte, kommt zu dem Schluß, Stirner habe eine zwar „theoretisch bestechende, aber weltfremde politische Lehre“[10] entwickelt. Eine rationale Begründung sei ihm nicht gelungen.

Wenn hier die Rezeptionsgeschichte, speziell die deutsche, schon vorab betrachtet wird, so geschieht das aus folgenden Gründen:

1) Sie ist bei weitem materialreicher und interessanter als die gesamte nichtdeutsche.

2) Sie eignet sich sehr gut als Einleitung, weil sie:

a) soweit hier dargestellt, auch ohne nähere Kenntnis des Buchinhalts aufschlußreich ist, mit geläufigen Begriffen zu Stirners Thematik hinführt und diese einkreist;

b) zeigt, daß Stirners Buch, das immer wieder ratlos als „sonderbar“, „merkwürdig“, „eigenwillig“ u.ä. bezeichnet wurde, bis in die heutige Zeit auf erhebliche Verständnisschwierigkeiten stieß;

---

4 Zenker, Ernst Viktor: *Der Anarchismus. Kritische Geschichte der anarchistischen Theorie*, Jena 1895, 18.

5 Ebd., 69.

6 Eltzbacher, Paul: *Der Anarchismus*, Berlin 1900, 11.

7 La Boétie, Etienne de: *Von der freiwilligen Knechtschaft*, unter Mitw. von Neithard Bulst übers. und hrsg. v. Horst Günther, Frankfurt/M. 1980.

8 Nettlau, Max: *Der Vorfrühling der Anarchie. Ihre historische Entwicklung von den Anfängen bis zum Jahre 1864*, Berlin 1925, 173.

9 Woodcock, George: *Anarchism. A history of libertarian ideas and movements*, Cleveland 1962.

10 Cattepoel, Jan: *Der Anarchismus. Gestalten, Geschichte, Probleme*, München [3]1979, 45f.

c) zeigt, daß demzufolge Stirners Theorie den unterschiedlichsten ideologischen Positionen zugeordnet worden ist.

3) Weil von Stirner selbst nur so wenig bekannt ist, daß in einem Buch über ihn notwendigerweise sein Hauptwerk in den Vordergrund der Betrachtungen rücken muß.

Eine der ersten Reaktionen auf Stirners Buch findet man in einem Brief von Friedrich Engels an Karl Marx vom 19. November 1844: eine Mischung aus Bewunderung und Ablehnung. Stirner ist, so Engels, „in Materialismus und Empirismus umgeschlagener Idealist ... Dieser Egoismus ist nur das zum Bewußtsein gebrachte Wesen der jetzigen Gesellschaft und des jetzigen Menschen ..., die Spitze aller Theorie innerhalb der bestehenden Dummheit ... Aber was an dem Prinzip wahr ist, müssen wir auch aufnehmen."[11] Die Stirner-Rezeption von Marx und Engels wird, einiger interessanter Details wegen, in einem späteren Kapitel genauer betrachtet. Sie endete mit der Niederschrift der *Deutschen Ideologie*, eines voluminösen Manuskripts, das zu Lebzeiten der Verfasser nicht veröffentlicht wurde.

Ludwig Feuerbach hingegen, den Stirner in seinem Buch heftig kritisiert, reagierte umgehend und öffentlich.[12] Die Verteidigung seiner Position macht allerdings, auch im Urteil einiger seiner Anhänger, einen halbherzigen und matten Eindruck. Sie verrät kaum etwas von der Wirkung, die *Der Einzige*, wie aus einem Brief an seinen Bruder hervorgeht, tatsächlich auf Feuerbach gehabt haben muß. Dort heißt es: „‚Der Einzige und sein Eigentum' ist ein höchst geistvolles und geniales Werk und hat die Wahrheit des Egoismus – aber exzentrisch, einseitig, unwahr fixiert – für sich. Seine Polemik gegen die Anthropologie, namentlich gegen mich, beruht auf purem Unverstand oder Leichtsinn. Ich gebe ihm Recht, bis auf Eines: im Wesen trifft er mich nicht: Er ist gleichwohl der genialste und freieste Schriftsteller, den ich kennengelernt."[13] In Feuerbachs später erschienenen Schriften, am deutlichsten vielleicht aber in dem nachgelassenen Fragment „Zur Ethik: Der Eudämonismus", läßt sich eine stillschweigende Annäherung an Stirner erkennen.[14] Nicht zuletzt durch Stirner dürfte er immun geworden sein gegen das spätere Werben seiner Verehrer Marx und Engels.

Einer der wenigen Autoren, die Stirner in den Jahrzehnten bis zu seiner Wiederentdeckung überhaupt wahrnahmen, war Friedrich Albert Lange. In seiner einflußreichen *Geschichte des Materialismus*, die 1866 in

---

11 Marx, Karl/Engels, Friedrich: *Werke*, Berlin (Ost) 1956ff., Bd. 27, 10–13; im folgenden abgek.: MEW.

12 Feuerbach, Ludwig: *Werke in sechs Bänden*, hrsg. v. Erich Thies, Frankfurt/M. 1975, Bd. 4, 69–80.

13 Ebd., 457.

14 Vgl. Kast, Bernd: *Die Thematik des „Eigners" in der Philosophie Max Stirners. Sein Beitrag zur Radikalisierung der anthropologischen Fragestellung*, Bonn 1979, 379–412; Jodl, Friedrich: *Vom Lebenswege. Gesammelte Vorträge und Aufsätze in zwei Bänden*, hrsg. v. Wilhelm Börner, Bd. 1, Stuttgart 1916, 282ff.

erster und bis 1921 in zehn weiteren Auflagen erschien, belegt der sonst sehr abgewogen urteilende Gelehrte das „berüchtigte Werk“ mit einem Superlativ: es sei „das extremste Buch, das wir überhaupt kennen.“ Und während er dieses Urteil weder erläutert noch begründet, begründet er gleich zweifach, warum er auf dieses Buch nicht näher eingehen kann: „Stirner steht weder zum Materialismus in engerer Beziehung, noch hat sein Buch so viel Einfluß erlangt, daß wir länger bei ihm verweilen dürften.“[15] Lange war außer Kant und Schopenhauer *der* Philosoph für Nietzsche.

Die Wiederentdeckung Stirners gegen Ende des 19. Jahrhunderts erfolgte im Zusammenhang mit der damals beginnenden Nietzsche-Begeisterung. Die Frage, ob Nietzsche den, der „vor ihm mit dem Hammer philosophierte“,[16] gekannt hat, obwohl er ihn nie erwähnt, wurde oft gestellt. Daß sie schließlich bejaht werden mußte, überraschte eigentlich nur deshalb, weil es sonst nicht Nietzsches Gepflogenheiten entsprach, einen für ihn zweifellos sehr bedeutsamen Denker ungenannt zu lassen.[17]

Die vorherrschende Art des Interesses für Stirner in den Jahrzehnten um die Jahrhundertwende hat ein Zeitgenosse so charakterisiert: „Philosophische Gourmands treten getrost heran und studieren das Mirakel mit wachsender Freude: dieser Mann sagt ein Äußerstes, Kühnstes: eine Verrücktheit freilich, aber köstlich, aber von grandioser, furchtloser Konsequenz. Auch die prinzipiellen Gegner überläuft es ästhetisch: die Bewunderung der ‚infernalischen Dialektik‘ und der ‚ans Diabolische anstreifenden Verstandeskälte‘ Stirners ist fast allgemein und gehört zum guten Ton. Im ganzen ist ‚Stirner‘ für die gebildeten Kreise ein Symbol und ein falsches. Wenige mögen überdies das Werk ‚Der Einzige und sein Eigentum‘ ordentlich gelesen haben; das Buch ist mit Recht als äußerst schwierig bezeichnet worden.“[18]

Im Schatten dieses Interesses für Stirner, das eine der üblichen intellektuellen Modeströmungen war, gab es in jener Zeit auch ein vielleicht ernsthaft zu nennendes, das allerdings bisweilen fast kultische Züge annahm. Dieser Stirnerismus fand seinen Ausdruck in zahlreichen Publikationen von Stirner-Anhängern, später auch in Zeitschriften wie z.B. *Der Einzige* (1919–1925); eine Heftreihe *Neue Beiträge zur Stirnerforschung* erschien, den Anbruch eines Neuen Zeitalters signalisierend, in den Jahren 76 bis 79 „nach Stirners Einzigem“ (1920–1923). Das bei weitem wertvoll-

---

15 Lange, Friedrich Albert: *Geschichte des Materialismus und Kritik seiner Bedeutung in der Gegenwart*, Frankfurt/M. 1974, 528f.

16 Mauthner, Fritz: *Der Atheismus und seine Geschichte im Abendlande*, Bd. 4, Stuttgart 1923, 201.

17 Vgl. Helms, Hans G.: *Die Ideologie der anonymen Gesellschaft. Max Stirners „Einziger“ und der Fortschritt des demokratischen Selbstbewußtseins vom Vormärz bis zur Bundesrepublik*, Köln 1966, 304ff.

18 Schultheiß Hermann: *Stirner. Grundlagen zum Verständnis des Werkes „Der Einzige und sein Eigentum“*, Greifswald 1906, 3.

ste Produkt des Stirnerismus jener Zeit ist die Stirner-Biographie von John Henry Mackay.

Der Marxismus hatte, seit er zu seinem „wissenschaftlichen“ Nimbus, einer zahlreichen Anhängerschaft und welthistorischer Bedeutung gelangt war, kaum je einen Anlaß gesehen, sich mit Stirner ernsthaft auseinanderzusetzen. Der „Überpolemik“ (Franz Mehring) gegen ihn, zu der sich die „Klassiker“ Marx und Engels einst gedrängt gefühlt hatten, stand man eher kopfschüttelnd gegenüber; ihre theoretische Bedeutung schätzte man nicht hoch ein. Stirner war kein Thema mehr.

Es gab jedoch Anfang dieses Jahrhunderts einige wenige marxistische Autoren, die sich dieser allgemeinen Geringschätzung Stirners nicht anschlossen. Einer davon war Franz Mehring: Er sah eine Zeit lang sogar Stirners „historischen Platz ... in gewissem Sinne selbst neben Marx und Engels.“[19] Größeren Eindruck machte Stirner auf Max Adler. Dessen Biograph wunderte sich bei der Auswertung des Nachlasses über die vier Jahrzehnte (ca. 1890–1930) währende „geistige Beziehung Adlers zu Stirner wegen ihrer hohen Kontinuität.“[20] Adler sah in dieser Zeit bei Stirner „die psychologische Ergänzung zu der ökonomisch-politischen Revolutionierung des Marxismus.“[21] Im Alter jedoch meinte er: „Den Fehler Stirners, Allgemeinverbindungen überhaupt zu negieren, hat zum Teil Marx korrigiert ...“[22] Hermann Duncker und Eugen Dietzgen waren weitere Autoren, die Stirner nicht, wie viele Autoren im Gefolge der „Klassiker“, leichterhand als „Ideologen des Kleinbürgertums“ abgetan sehen wollten. Aber weniger noch als Adler gelang ihnen eine theoretische Klärung des Verhältnisses Marx/Stirner. Sie alle spürten Mängel in der Marxschen Theorie, vermochten der gewaltigen intellektuellen Sogwirkung dieser erfolgreichen Doktrin jedoch nicht zu widerstehen. Ein Theoretiker, der Stirners Grundposition ausgebaut und gegen die marxistische gesetzt hätte, ist nie aufgetreten.

Dieser Zustand herrscht heute, trotz der historischen Ereignisse dieses Jahrhunderts, im Grunde noch immer. Deshalb geschieht es auch gelegentlich, daß ein moderner Marx-Forscher, z.B. Armin Wildermuth, der sich auf die „Gammler-Philosophie“ Stirners etwas einläßt, konsterniert feststellt, daß dieser „gegenüber den Versuchen der beiden Freunde in Brüssel [Marx/Engels] die genaue Gegenposition errichtete und diese nicht wenig

---

19 Mehring, Franz: *Geschichte der deutschen Sozialdemokratie*, Bd. 1, Stuttgart ²1903, 248.

20 In: Adler, Max: *Ausgewählte Schriften*, hrsg. v. Alfred Pfabigan u. Norbert Leser, Wien 1981, 15.

21 Adler, Max: „Max Stirner“, in: ders., *Wegweiser. Studien zur Geistesgeschichte des Sozialismus*, Stuttgart 1914, 173–199. Zuerst erschienen in: *Arbeiter-Zeitung*, Wien, Morgenblatt, 25. u. 26. Oktober 1906, 180.

22 Adler 1981, 19.

konsequent entfaltete." Auf ambivalente Weise fasziniert, nimmt er sich vor, „auf das Denken Max Stirners nicht nur beiläufig einzutreten",[23] – doch es bleibt bei dem Vorsatz.

Letztgenannten Vorwurf kann man jenem Autor jedoch nicht machen, dessen Stirner-Arbeit den Umfang des Marx/Engelsschen *St. Max* – und damit auch den des *Einzigen* – noch um einiges übertrifft: Hans G. Helms, an Marx und Adorno geschult und hinsichtlich Stirners offenkundig von Obsessionen geplagt, folgte 1966 dem Beispiel von Robert Payne, der schon 1951 Stirners Buch und faschistische Ideologie miteinander in Verbindung zu bringen versucht hat.[24] In seiner ausufernden Fleißarbeit, die von Adorno, Horkheimer und Kracauer „viele nützliche Anregungen erfahren"[25] hat, versucht Helms nachzuweisen, daß Stirner der eigentliche ideologische Stammvater aller „Faschismen" ist, also auch, „daß Stirnerianismus und Nationalsozialismus Variationsformen desselben faschistischen Ungeists sind." Als Motiv seiner Anstrengung gibt Helms Stirners aktuelle Gefährlichkeit an, denn „[n]ie ist Stirner gegenwärtiger, nie zeitgemäßer gewesen als heute [1966]." Schon auf der Titelseite seines Buches plakatiert er – den „antifaschistischen" Bonus erheischend – Mussolini und Goebbels als Stirner-Adepten; im Inneren versuchte er krampfhaft an ca. 50 Textstellen, Hitler in die Diskussion zu ziehen. Hoffnung gibt ihm nur, daß endlich „Marxisten den Eiterherd wahrgenommen und zu lokalisieren begonnen haben."[26] Ein Verdienst Helms' ist seine Bibliographie und daß er – wider Willen – eine Stirner-Renaissance in Deutschland ausgelöst hat.

Neuerdings sind auch einige katholische Philosophen in die Stirner-Diskussion eingetreten, die in Stirner eine vortreffliche theoretische Waffe gegen Marx erkannt haben. Ihnen geht es freilich nur darum, Marx' „Unfähigkeit zu einer treffenden Kritik an Stirners unsinniger Konzeption des Egoismus" herauszustellen, sein „über 300 Seiten langes Verstummen vor dem frechen Egoismus Stirners."[27] (Als „unsinnig" und „frech" charakterisiert übrigens auch Ernst Bloch Stirners Konzept.)

Zu erwähnen ist schließlich die sonstige allgemeine akademische Rezeption Stirners: gut ein Dutzend Dissertationen, eine Reihe von Monographien und Artikeln, meist aber nur beiläufige Erwähnungen in philosophiehistorischen, gesellschaftstheoretischen oder ethischen Texten. Stirners Philosophie blieb, auch für die wenigen von ihr eigentümlich Fas-

---

23 Wildermuth, Armin: *Marx und die Verwirklichung der Philosophie*, Den Haag 1970, 450.

24 Payne, Robert: *Zero. The Story of Terrorism*, London 1951, 198ff.

25 Helms 1966, 502.

26 Ebd., 5, 499, 495.

27 Magnis, Franz von: *Normative Voraussetzungen im Denken des jungen Marx (1843–1848)*, Freiburg 1975, 333, 403. Vgl. a. Lobkowicz, Nikolaus: „Karl Marx And Max Stirner", in: *Demythologizing Marxism*, hrsg. v. F.J. Adelmann, Boston 1969, S. 64–95.

zinierten, so oder so eine – „Unphilosophie", die man verdrängt, beschimpft, zerredet etc. hat. Der ehemalige NS-Philosoph Carl August Emge versah 1964 einen Artikel mit der Überschrift: *Max Stirner. Eine geistig nicht bewältigte Tendenz.*[28] Der Anti-„NS"-Agitator Hans G. Helms schrieb 1966: „Ein Alptraum ist er [Stirner] der Philosophie bis heute geblieben."[29] Beide spüren ein Defizit, ohne es aber benennen zu können. Auch in den folgenden fast zwei Jahrzehnten ist man, trotz einiger guter Detailarbeit, in dieser Hinsicht nicht wesentlich weiter gekommen. Ein genaueres Eingehen auf die Sekundärliteratur ist deshalb hier nicht beabsichtigt. Die am Ende versammelten „Urteile über Stirner in Zitaten" bieten ergänzend einige Zeugnisse über Stirner.

---

28 Emge, Carl August: *Max Stirner. Eine geistig nicht bewältigte Tendenz*, Mainz 1964.

29 Helms 1966, 196.

Stirners Leben I: 1806–1845

1845 ist das offizielle Erscheinungsjahr des *Einzigen*, wenngleich der Leipziger Verleger Otto Wigand mit der Auslieferung schon Ende Oktober 1844 begonnen hatte. Die dominante Stellung, die dieses Buch in Stirners Biographie einnimmt, legt nahe, sein Leben in zwei Abschnitten darzustellen: bis und ab 1845. Da über dieses Leben ohnehin nur wenig bekannt ist, wird für ein Gesamtbild von Stirner hauptsächlich sein Werk *Der Einzige* bestimmend sein; denn: „Dieses Buch ist Stirner ... Wir verstehen unter Stirner nichts weiter!“[30]

Mackays Stirner-Biographie

Das wenige, das bis heute über Stirners Leben bekannt wurde, ist das Ergebnis der jahrzehntelangen Nachforschungen eines Mannes: John Henry Mackay. Mackay (1864–1933) war, trotz seines englischen Namens, ein deutscher Dichter und Schriftsteller. Sein Vater war Schiffsmakler im schottischen Glasgow und starb bereits 1866. Seine deutsche Mutter ging daraufhin mit ihrem Sohn zurück nach Deutschland. Mackay las den *Einzigen* im Jahre 1888 aufgrund des Hinweises in Langes *Geschichte des Materialismus* und war außerordentlich beeindruckt. Als er jedoch nach näheren Angaben über den Verfasser dieses Buches suchte, fand er stets nur dieselben dürren Daten, aber „nie und nirgends authentische und ausführliche Nachrichten“, so daß er sich entschloß, „einen Teil meiner Lebensarbeit an die Erforschung dieses offenbar gänzlich verschollenen Daseins zu setzen.“[31]

Wer Mackays Darstellung seiner jahrzehntelangen Bemühungen um Stirners Biographie und diese selbst gelesen hat, wird die Bemerkungen des Historikers und Engels-Biographen Gustav Mayer (1871–1948) über den „Dilettanten“ Mackay, der „an vielen Stellen, nur nicht den geeignetsten, nach Material herumgestöbert hatte“, um dann doch nur ein „kümmerliches Machwerk“ zustande zu bringen, zu deuten wissen. „Man scheint es offenbar nicht verwinden zu können, daß Stirner seine Wiedergeburt nicht einem zünftigen Philosophen verdankte“,[32] war Mackays Resümee aus vielen einschlägigen Erfahrungen.

Mayers Verdienst war es, nicht ohne sich auf die mühsamen Vorarbeiten Mackays zu stützen, Stirner als Autor einiger anonym veröffentlichter

---

30 Schultheiß 1906, 40.

31 Mackay, John Henry: *Max Stirner. Sein Leben und sein Werk*, Berlin ^{3}1914, 5.

32 Ebd., 20.

Artikel identifiziert zu haben. Dies geschah, wie er betont, „freilich nicht aus Interesse an den Lebensumständen dieses kuriosen Mannes", des „Mädchenschullehrers" Stirner, oder gar an „dessen exzentrischem Buch",[33] sondern eher beiläufig im Rahmen seiner Forschungen zum Vormärz. Solcherart Arroganz der Fachleute, die ihrerseits Stirner „vergessen" hatten und nun eine in Mackays Augen wildwüchsige „Ausschlachtung des von mir Gefundenen"[34] veranstalteten, können seinen unüblichen Umgang mit seinen Quellen zwar nicht rechtfertigen, aber doch etwas verständlicher machen.

Die Person Stirner

Aufgrund dieser Quellenlage werden hier aus Mackays Buch hauptsächlich reine Daten referiert. Auf eine Interpretation der wenigen Angaben, die über Stirners Kindheit und seinen beruflichen Werdegang verbürgt sind, wird ebenfalls weitgehend verzichtet, da sie zu karg und zu lückenhaft sind.

Daß überhaupt die vorn reproduzierte Porträtskizze existiert, ist Friedrich Engels zu verdanken. Er zeichnete sie im Alter von 72 Jahren aus etwa fünfzigjähriger Erinnerung auf Vermittlung des Berliner Lehrers Max Hildebrand für Mackay. Sie soll jedoch, wie andere von Mackay befragte Personen urteilten, die Stirner ebenfalls noch persönlich in Erinnerung hatten, nicht sehr ähnlich geraten sein. „Die Stirn und der Schädel sollen weder so eckig, noch das Kinn so scharf hervortretend gewesen sein; außerdem soll Stirner nie diese hohen ‚Vatermörder' und Rockkragen getragen haben. Doch sollen die Nase und der feine Mund getroffen sein und das Ganze wenigstens einige entfernte Ähnlichkeit mit dem Original besitzen."[35]

Engels' Skizze zeigt Stirner in der Zeit um 1841, also im Alter von etwa 35 Jahren. Die Beschreibungen, die Mackay ergänzend zusammengetragen hat, betreffen sämtlich das ungefähr gleiche Lebensalter. Demnach hatte Stirner zu dieser Zeit blondes, etwas ins Rötliche spielendes Haar, das von Natur wellig und stets kurz geschnitten war. Er trug einen ebenfalls kurz geschnittenen, blonden Backen- und Schnurrbart, das Kinn stets glatt rasiert. Seine hellen, blauen Augen scheinen leicht kurzsichtig gewesen zu sein, denn er trug, allerdings nicht ständig, eine Nickelbrille mit kleinen, ovalen Gläsern. Die Nase war mittelgroß und spitz auslaufend, das Gesicht insgesamt von eher feinen Zügen. Stirners gepflegte, schlanke Hände müssen sehr charakteristisch für seine gesamte Erscheinung gewesen sein, da sich die Informanten Mackays nach so langer Zeit noch an sie erinnerten.

---

33 Mayer, Gustav: *Erinnerungen. Vom Journalisten zum Historiker der deutschen Arbeiterbewegung*, Zürich 1949, 199f.

34 Mackay 1914, XIII.

35 Ebd., 222.

Als Gesamteindruck wurde denn auch von dem mittelgroßen, schlanken Manne berichtet, daß er stets mit fast pedantischer Sorgfalt auf sein Äußeres geachtet habe. Sein Auftreten sei selbstbewußt und gelassen gewesen, jedoch mit gelegentlicher Neigung zu Spott und Ironie. Stirners Beziehungen zu den Menschen seiner Umgebung seien distanziert gewesen; er habe weder enge Freunde noch ausgesprochene Feinde gehabt und sei stets bestrebt gewesen, sich aus Klatsch und Intrigen herauszuhalten. Als Alternative zum „Spinnennetz der Heuchelei",[36] wie er die Umgangsformen seiner Zeit charakterisierte, wählte er ein Leben möglichst weitgehender Zurückgezogenheit.

Einem besonderen Aspekt von Stirners Äußerem wurde gelegentlich erhöhter spekulativer Aufwand zuteil: seiner Stirn – denn „Max Stirner" ist ein Pseudonym von Johann Caspar Schmidt. Laut Friedrich Engels soll sie „merkwürdig hoch" und Grund für den „Spitznamen" Stirner gewesen sein.[37] Eine andere Version sieht in dem von Schmidt gewählten Pseudonym seinen „wahren Namen", ein Alethonym, das sich nicht auf anatomische, sondern auf geistige Größe beziehen soll. Unabhängig davon, wie hoch Stirners Stirn tatsächlich war, scheint die erste Version kaum wahrscheinlich, während die zweite ignoriert, wie wenig Stirner rein zerebrale Leistung schätzte. Wenn er sich in einer Hinsicht als „Max", als Unübertroffener unter seinen Zeitgenossen, gefühlt haben mag, dann in der, daß er es wagte, „die Stirn hatte",[38] auch den kritischsten Köpfen unter ihnen die Radikalität streitig zu machen.

Als Stirner sich dem Kreis der Berliner vormärzlichen Radikalen anschloß, war er bereits 35 Jahre alt. Über sein früheres Leben gibt hauptsächlich ein Dokument Auskunft, dessen spärliche Daten später zwar noch im Detail präzisiert, aber nicht mehr wesentlich ergänzt werden konnten: der im Original in lateinischer Sprache abgefaßte Lebenslauf, den der 27-jährige Johann Caspar Schmidt vorlegt, als er sich 1834 zur Prüfung für das Lehramt an Gymnasien meldet.

> Ich, Johann Caspar Schmidt, evangelischer Konfession, bin geboren zu Bayreuth, einer ehemals preußischen, jetzt bayerischen Stadt, am 25. October 1806. Mein Vater war Flötenmacher; er starb bald nach meiner Geburt. Meine Mutter heiratete drei Jahre später den Apotheker Ballerstedt und gelangte mit diesem unter mancherlei wechselnden Schicksalen nach Kulm an der Weichsel in Westpreußen. Hierhin holte sie mich alsbald im Jahre 1810 zu sich. Nachdem ich dort den ersten Unterricht empfangen,

---

36 Stirner, Max: *Der Einzige und sein Eigentum*, Reclams Universalbibliothek Nr. 3057, Stuttgart 1972, 56; im folgenden abgek.: EE.

37 MEW 37, 292f.

38 Vgl. EE 57 sowie Stirner, Max: *Kleinere Schriften*, hg. v. John Henry Mackay, 2. Aufl., Treptow bei Berlin 1914 (Reprint Stuttgart 1976), 18; im folgenden abgek.: KS.

kehrte ich mit 12 Jahren nach Bayreuth zurück, um das Gymnasium zu besuchen. Sieben Jahre lang genoß ich hier den Unterricht gelehrter Männer, unter denen besonders Pausch, Kieffer, Neubig, Kloeter, Held und Gabler sich meiner mit großer Liebe annahmen, so daß ich dankbar ihrer gedenke. Mit dem Reifezeugnis versehen, bezog ich in den Jahren 1826 bis 1828 die Universität Berlin zum Studium der Philologie und der Theologie und hörte Vorlesungen bei Böckh, Hegel, Marheineke, Carl Ritter, Heinrich Ritter und Schleiermacher. Alsdann begab ich mich für ein Semester nach Erlangen, wo ich Kapp und Wiener hörte, verließ danach die Universität, um eine längere Reise durch Deutschland zu machen. Häuslicher Verhältnisse halber verblieb ich nun ein Jahr in Kulm, ein zweites in Königsberg ebenfalls in Familien-Angelegenheiten. Jedoch vernachlässigte ich währenddessen keineswegs meine philologischen und philosophischen Studien. Im Oktober 1833 endlich kehrte ich zur Wiederaufnahme meiner akademischen Studien nach Berlin zurück, verfiel aber sogleich in länger dauernde Krankheit, so daß ich erst vom nächstfolgenden Semester an Vorlesungen, und zwar bei Böckh, Lachmann und Michelet, hören konnte. Auf diese Weise vollendete ich das akademische Triennium und gedenke mich nunmehr dem Examen pro facultate docendi mit Gottes Hilfe zu unterwerfen.

Die genaueren Daten zu diesem Lebenslauf und eine Reihe ergänzender Angaben konnten von Mackay noch ermittelt werden (vgl. Zeittafel). Demnach läßt sich das Leben des Johann Caspar Schmidt, der hier der Einfachheit halber durchgehend Stirner genannt wird, wie folgt rekonstruieren.

Er wird am 25. Oktober 1806 als erstes Kind seiner Eltern in Bayreuth geboren. Seinen Vater, Albert Schmidt, erlebt er nicht mehr bewußt, da dieser ein halbes Jahr später 37-jährig an den Folgen eines Blutsturzes stirbt. Seine Mutter, Sophia Schmidt, geb. Reinlein, heiratet zwei Jahre später, im April 1809, als 31-jährige den 48-jährigen Apotheker Heinrich Ballerstedt. Kurze Zeit später verlassen beide Bayreuth und lassen den 2½-jährigen Knaben bei selbst kinderlosen Verwandten zurück. Nachdem sie sich in Kulm/Weichsel niedergelassen haben, holen sie ihn etwa ein Jahr später zu sich. Inzwischen ist eine Stiefschwester Stirners geboren, die aber bald, im Alter von drei Jahren, sterben wird. Stirners Stiefvater war durch ein Erbe in die Lage versetzt worden, in Kulm eine Apotheke zu erwerben, wodurch die Geldmittel für eine höhere Schulbildung des Knaben gesichert sind.

Weshalb der 12-jährige Stirner 1818 zurück nach Bayreuth geschickt wird, wo er im gleichen Haushalt Aufnahme findet wie einst, ist nicht bekannt. Ein Grund dafür mag das dortige Gymnasium gewesen sein, das unter der Leitung von Georg Andreas Gabler (der später, von 1835–41, den Lehrstuhl Hegels innehaben wird) steht und einen ausgezeichneten Ruf genießt. Stirner besucht es acht Jahre lang und besteht am 8. September 1826 mit der Note I und dem Prädikat „sehr würdig“ sein Absolutorium. Dem

Ratschlag seiner Lehrer, insbesondere des Hegelianers Gabler, folgend immatrikuliert sich Stirner am 18. Oktober 1826 an der Berliner Universität.

Die Universität Berlin war erst 1810, nach dem „Schmachfrieden von Tilsit“, bei dem Preußen die Hälfte seines Gebietes und dabei auch die Universität Halle an das Frankreich Napoleons hatte abtreten müssen, von Wilhelm von Humboldt gegründet worden. Sie sollte aber nicht nur den Verlust von Halle ausgleichen, sondern auch eine neuartige Universität für ganz Deutschland werden, nicht nur für Preußen. Wegen ihrer hervorragenden Lehrer, von denen Stirner in seinem Lebenslauf einige genannt hat, ist sie das auch schnell geworden und hat Studenten aus allen Landesteilen angezogen. „Auf keiner anderen Universität herrscht wohl solch allgemeiner Fleiß, solcher Sinn für etwas höheres als bloße Studentengeschichten, solches Streben nach Wissenschaft, solche Ruhe und Stille wie hier. Wahre Kneipen sind andere Universitäten gegen das hiesige Arbeitshaus ...“ hatte Ludwig Feuerbach, der gerade 1826 Berlin verließ, zuvor an seinen Vater geschrieben.

Stirner ist in den ersten Semestern, die er in Berlin studiert, zunächst ein eifriger Student, belegt bis zu 22 Wochenstunden und bekommt „sehr fleißigen“ und „aufmerksamen“ Besuch testiert. Bald jedoch läßt sein Eifer nach. Im vierten Semester belegt er nur noch wenige Vorlesungen, die Hegelschen gar nicht mehr. Zum fünften Semester wechselt er nach Erlangen. Für das sechste Semester schreibt er sich im Sommer 1829 zwar noch ein, unternimmt aber „eine längere Reise durch Deutschland“. Über die folgenden dreieinhalb Jahre seines Lebens, bis zu seiner erneuten Immatrikulation in Berlin im Oktober 1832, ist nur bekannt, daß er sich zeitweilig in Kulm bei seinen Eltern, „häuslicher Verhältnisse halber“, und in Königsberg aufhält. Vom Militärdienst wurde er übrigens 1830 als „Halbinvalide“ – auch darüber ist nichts Näheres bekannt – befreit.

Stirner bleibt nun drei weitere Semester an der Berliner Universität, studiert aber effektiv nur im Sommersemester 1833. Nachdem er ein sechssemestriges Minimalstudium nachweisen kann, meldet er sich für den 2. Juni 1834 zu der schon erwähnten Prüfung. Aber das Prüfungsverfahren, zu dem auch Probevorträge und eine schriftliche Arbeit („Über Schulgesetze“) gehören, schleppt sich dahin, weil Stirner des öfteren um Terminaufschub für die jeweiligen Einzelprüfungen nachsucht: einmal, weil er selbst krank wird, ein anderes Mal, weil er die Pflege seiner Mutter übernehmen muß, usw. Nach Ablegung aller Teilprüfungen wird dem Kandidaten Stirner schließlich, am 29. April 1835, die nur bedingte facultas docendi erteilt.

Stirner muß in den vier Jahren, in denen er von Berlin fort war, eine entscheidende Wandlung erfahren haben. Von dem systemkonformen und leistungswilligen Schüler und Studenten von einst scheint er sich schon so weit auf seine spätere Position hin entwickelt zu haben, daß er das letzte

Semester und die Prüfungsprozeduren nur noch lustlos und widerwillig, lediglich in Hinblick auf einen Brotberuf, absolviert hat.

Schon als Stirner die Universität Berlin 1828 verließ, scheint er von jenen, wahrscheinlich seinerzeit noch vagen Einsichten in das Wesen des schulischen und universitären Ausbildungssystems motiviert gewesen zu sein, die er später, nach eigener Lehrpraxis, in seiner Arbeit *Das unwahre Prinzip unserer Erziehung* formulieren wird. Als Schutz vor einem „Wissen, welches mich als ein Haben und Besitz beschwert", heißt es dort, müsse man sich sogar „Vergeßlichkeit wünschen ...: sonst kommt man nicht zu sich".[39]

Stirners Ausführungen über die effektive Funktion von Erziehung und Ausbildung im Obrigkeitsstaat haben auch im demokratischen Zeitalter keineswegs an Aktualität eingebüßt: „[N]ur Gelehrte gehen aus den Menagerien der Humanisten, nur ‚brauchbare Bürger' aus denen der Realisten hervor, die doch beide nichts als *unterwürfige* Menschen sind ... Resultat des Schullebens ist dann das Philistertum." Werden Menschen aber auf diese Weise „nur *gebildet*, so werden sie sich *auf höchst gebildete und feine Weise* allezeit den Umständen anpassen und zu unterwürfigen Bedientenseelen ausarten. Was sind unsere geistreichen und gebildeten Subjekte größtenteils? Hohnlächelnde Sklavenbesitzer und selber – Sklaven."[40] Auf Stirners „Pädagogik", die eine Schlüsselstellung in seiner „Philosophie" einnimmt, wird noch ausführlicher eingegangen.

Nach seiner mit Mühen bestandenen Prüfung beginnt Stirner unverzüglich ein Probejahr als Lehrer an der „Königlichen Realschule" in Berlin. Und obwohl diese Tätigkeit nicht mit einer Gehaltszahlung verbunden ist, bleibt er dort freiwillig ein halbes Jahr länger als erforderlich, bis zum Herbst 1836.

Dann aber pausiert er wieder, bevor er sich im Frühjahr 1837 beim „Königlich hochwürdigen Schulkollegium der Provinz Brandenburg" um eine Anstellung bemüht, diesmal als Gymnasiallehrer. Seine Bewerbung wird jedoch abgelehnt. Es ist nicht bekannt, von welchen Einkünften Stirner, der mittlerweile 30 Jahre alt ist, bis dahin gelebt hat; wahrscheinlich aber zumindest teilweise von Zuwendungen seines Stiefvaters Ballerstedt. Dieser stirbt im Sommer 1837. Und im Oktober des gleichen Jahres wird Stirners Mutter in die Berliner „Privatirrenanstalt Schönhauser Allee" eingewiesen, wo sie bis 1859, ihren Sohn um drei Jahre überlebend, bleiben wird.

Der stellungslose Stirner, der wahrscheinlich seinen Stiefvater beerbt hat, heiratet noch im Dezember 1837 Agnes Burtz (*1815), die (uneheli-

---

39 KS 247f.

40 KS 250f.

che) Tochter seiner Hauswirtin. Die Frau stirbt bei der Geburt ihres ersten Kindes am 29. August 1838; auch das Kind überlebt nicht.

Am 1. Oktober 1839, mit 33 Jahren, tritt Stirner seine erste bezahlte Stellung an: als Lehrer an der „Lehr- und Erziehungsanstalt für höhere Töchter" der Madame Gropius in Berlin, in der er fünf Jahre verbleiben wird. Diese Jahre, in denen er neben seinen Berufspflichten auch journalistisch tätig wird und vor allem sein Hauptwerk *Der Einzige und sein Eigentum* schreibt, wird er 1847, als es ihm in jeder Hinsicht sehr schlecht geht, die „besten Jahre seines Lebens"[41] nennen.

Die „Freien"

Anfang des Jahres 1842 beginnt Stirner, Korrespondenzen, meist über politische oder literarische Vorgänge in Preußen, für Zeitungen außerhalb Preußens zu schreiben, selbstverständlich anonym. „Einer der bedeutendsten Mitarbeiter war und ist ein gewisser Privatlehrer Schmidt in Berlin. Dieser schrieb stets die maßlos heftigsten Artikel gegen Preußen. Brockhaus bot ihm ... die Redaktion an, doch schlug er sie aus",[42] verzeichnet Anfang 1843 ein geheimer Agentenbericht über die *Leipziger Allgemeine Zeitung*, die damals die der preußischen Obrigkeit unbequemste ausländische Zeitung war.

Etwa zur gleichen Zeit – ab Sommer 1841 – sucht Stirner, über dessen Umgang in den Jahren zuvor nichts bekannt ist, die Gesellschaft der „Freien", einer Gruppe junger radikaler Intellektueller und Literaten in Berlin. Diese trafen sich, ohne besondere Absprache oder festgelegte Zeiten meist in zwei Lokalen: nachmittags im „Roten Zimmer" der Konditorei Stehely am Gendarmenmarkt und abends in der Hippelschen Weinstube in der Friedrichstraße. Gegenstand ihrer Diskussionen waren politische Probleme, wie sie u.a. aus *Max Stirners Kleinere Schriften*, in denen auch dessen Zeitungskorrespondenzen gesammelt sind, zu entnehmen sind; vor allem aber die Hegelsche Philosophie, ihre Weiterentwicklung, Kritik und „Verwirklichung".

Die „Freien" waren eine lockere Gruppierung, „ein Verein, dem man im materiellen Sinn diesen Namen streitig machen kann; es ist ein geistiger, kein bürgerlich konstituierter, kein statutenmäßiger, ein Verein, von dem sich nicht sagen läßt, er sei hier oder dort; seine Mitglieder sind allerorten, und ich stehe nicht dafür, daß, wenn ich mich in die nächste beste Gesellschaft begebe, ich mich nicht in der Mitte von Vereinsmitgliedern befinde. Eine Handhabe für die Polizei fehlt ihnen, und wenn ihrer zwanzig beisam-

---

41 KS 413.

42 Glossy, Karl (Hrsg.): *Literarische Geheimberichte aus dem Vormärz*, Wien 1912, 2. Teil (1843–1847), 8.

mensitzen und zusammenwirken, so würden sie doch einem Häscher, der sie hier gewiß zu fassen meinte, unter den Händen in ein Phantom zerrinnen ..."[43]

Die Zusammensetzung dieses „Vereins" fluktuierte stark. Von denen, die sich über längere Zeit als dazugehörig betrachteten, sind zu nennen: Bruno Bauer, Edgar Bauer, Ludwig Buhl, Eduard Meyen, Adolf Rutenberg, Karl Nauwerck, Karl Friedrich Köppen und Stirner. Nur einige der „Freien" waren älter als dreißig Jahre, und Stirner war wohl der Älteste. Tonangebend, gewissermaßen „graue Eminenz", war, selbst während seiner mehrjährigen Abwesenheit, Bruno Bauer.

Bauer hatte sich bereits 1834 habilitiert und sich durch eine Arbeit über die Synoptiker einen Namen gemacht. Schon im sog. Doktorklub, einer Art Vorläufer der „Freien", dem auch Karl Marx als Student angehört hatte, war er der führende Kopf gewesen. Aus dieser Zeit stammte auch Bauers enge Freundschaft mit Marx, der an dessen akademische Karriere einst große Hoffnungen für seine eigene geknüpft hatte, bis Bauer 1842 die licentia docendi entzogen wurde. Beide entwickelten sich dann auch in ihren theoretischen Anschauungen auseinander. Es kam zum Bruch, und Marx schrieb unter geringfügiger Beteiligung von Engels die Polemik *Die Heilige Familie – gegen Bruno Bauer und Konsorten* (1845).[44]

Anfang der vierziger Jahre gab es diese theoretischen Frontstellungen (Marx/Engels – Bauer, auch Stirner – Feuerbach) noch nicht. Als Engels im Frühjahr 1841 zur Ableistung seines Militärdienstes nach Berlin kam, lernte er Marx bei den „Freien" kennen, allerdings nur flüchtig, da dieser bald darauf die Stadt verließ. Etwas später scheint dann Stirner zu den „Freien" gestoßen zu sein. In dieser Zeit verfaßte Engels sein burleskes *Christliches Heldengedicht in vier Gesängen*, in dessen drittem er einige seiner Mitstreiter bei den „Freien" karikierte. Kennt man die weitere Entwicklung von Marx und Stirner, so staunt man, wie treffend der junge Engels damals beide charakterisiert hat.

Marx: „Er gehet, hüpfet nicht, er springet auf den Hacken / Und raset voller Wut, und gleich, als wollt' er packen / Das weite Himmelszelt, und zu der Erde ziehn, / Streckt er die Arme sein weit in die Lüfte hin. / Geballt die böse Faust, so tobt er sonder Rasten, / Als wenn ihn bei dem Schopf zehntausend Teufel faßten."

Stirner: „Seht Stirner, seht ihn, den bedächt'gen Schrankenhasser, / Für jetzt noch trinkt er Bier, bald trinkt er Blut wie Wasser. / So wie die andern schrein ihr wild: à bas les rois! / Ergänzet Stirner gleich: à bas aussi les lois! / ... / Doch Stirner würdevoll: ‚Wer bindet ihm den Willen? / Wer will hier ein Gesetz aufdrängen uns durch Brüllen? / Den Willen bindet ihr,

---

[43] KS 130.
[44] MEW 2.

ihr wagt's und nennt euch frei, / Wie seid ihr eingelebt noch in die Sklaverei!"[45]

Dieser Stirner paßt recht gut zu dem, den Mackay aus anderen Quellen kennenlernte: zu dem stillen, Zigarre rauchenden Zuhörer, der sich an den heißen Wortgefechten, die die „Freien" oft austrugen, wenn nicht gerade ein als Polizeispitzel Verdächtiger im Lokal war, aktiv nur wenig beteiligte. Er paßt auch zu dem, der etwa zur gleichen Zeit notiert: „Wilde Burschen, renommierende Studenten, die alle Rücksichten aus den Augen setzen, sind eigentlich Philister, da bei ihnen wie bei diesen die Rücksichten den Inhalt ihres Treibens bilden, nur daß sie als Bramarbasse sich gegen die Rücksichten auflehnen und negativ verhalten, als Philister später sich ihnen ergeben und positiv dazu verhalten. Um die ‚Rücksichten' dreht sich in beiden Fällen ihr gesamtes Tun und Denken, aber der Philister ist gegen den Burschen reaktionär, ist der zur Besinnung gekommene wilde Geselle, wie dieser der unbesonnene Philister ist. Die alltägliche Erfahrung bestätigt die Wahrheit dieses Umschlagens und zeigt, wie die Renommisten zu Philistern ergrauen."[46] Nicht nur die innere Distanz Stirners zu vielen „Freien" kommt in dieser Passage zum Ausdruck, sondern auch ein wesentlicher Zug seiner Kritik.

Marie Dähnhardt

In Hippels Weinstube wurde jedoch nicht nur heiß diskutiert, sondern – selbstverständlich – auch getrunken. Deshalb besteht an einschlägigen Anekdoten und Skandalgeschichten kein Mangel. Auf sie einzugehen aber, etwa zur Vermittlung der Atmosphäre von Stirners Umgebung, lohnt nicht; zum einen wegen Stirners distanzierter Haltung; zum anderen, weil diese Geschichten meist in diffamierender Absicht in die Welt gesetzt worden sind.

Insbesondere ideologische Gegner pflegten sich ihrer zu bedienen. So z.B. der Publizist Arnold Ruge, der sich Marx gegenüber von Dresden aus über „diese Frivolitätsnarren" entrüstete, die sich „prügeln und schimpfen, wenn der Wein wirkt", und an Bruno Bauer die besorgte Mahnung richtete, er würde „sich und seine Sache kompromittieren", wenn er sich nicht von ihnen absetzte. Dieser sah jedoch keinen Grund dafür, auch dann nicht, als Marx – dieser hatte, nachdem die akademische Karriere seines Mentors Bauer abrupt beendet worden war, auch seine eigene aufgegeben und war Chefredakteur der oppositionellen *Rheinischen Zeitung* in Köln geworden – die „gedankenlosen Sudeleien" der „Freiheitsheroen an der Spree"[47] nicht

45 MEW Erg.bd. 2, 301.
46 EE 120.
47 *Marx-Engels-Gesamtausgabe (MEGA)*, Berlin 1930, 1,1,2, 285, 288.

mehr drucken wollte. Marx' Meinung über die Berliner war so schlecht, daß sie anfangs sogar seiner Freundschaft mit Engels, den er ja in ihrem Kreise kennengelernt hatte, im Wege stand.

Aber nicht nur Rede- und Trinkexzesse wurden den „Freien" nachgesagt. Was die Phantasie vieler Zeitgenossen besonders beflügelte, war die Tatsache, daß in ihrem rauhen Kreise auch Damen verkehrten, nach Emanzipation strebende zumal.

Eine dieser jungen Damen war Marie Dähnhardt, 1818 als Tochter eines Apothekers in der mecklenburgischen Hauptstadt Schwerin geboren und dort aufgewachsen. Sie war, gegen den Willen ihrer Familie, schon als 20-jährige nach Berlin gegangen, im Kreis der „Freien" aber erst Anfang 1843 aufgetaucht. Hier lernt sie der Witwer Stirner, der ihr zuvor schon einmal im Hause eines Verlegers flüchtig begegnet war, näher kennen.

Marie Dähnhardt war, Mackay zufolge, „die unbestrittene weibliche Zierde des Kreises", „eine schlanke, anmutige Blondine ... von raschem und energischem Wesen". „Ohne besondere geistige Begabung, übte sie mehr durch ihre natürliche Frische als durch eigentliche Schönheit ... eine unverkennbare Anziehungskraft auf die Männer aus." Ihr Emanzipationsstreben als „im Grunde durchaus Bürgerliche" habe sich hauptsächlich im Spielen einer Hosenrolle geäußert: Zigarren rauchen, Bier trinken, Billard spielen usw.[48] Auch von ihr ist kein Bild erhalten.

Stirner und die 12 Jahre jüngere Frau, die ein ererbtes Vermögen von etwa 10.000 Talern mitbringt, heiraten noch im gleichen Jahr. Das kirchliche Zeremoniell, ohne das eine Trauung damals nicht vollzogen werden konnte, findet am 21. Oktober 1843 in der neuen Wohnung des Paares in Neukölln statt. Bruno Bauer, der mit Ludwig Buhl als Trauzeuge fungiert, hat extra einen relativ „freisinnigen" Pastor für jene Amtshandlung ausgewählt, über die, da sie ohne würdevollen Ernst und die üblichen Requisiten – als Trauringe dienen z.B. Messingringe von Bruno Bauers Geldbörse – durchgeführt wird, bald eine Reihe von Versionen die Runde machen. „Weit mehr als über sein [Stirners] ganzes Leben" sei darüber geredet und geschrieben worden, berichtet Mackay.

Die Zensur

Ende 1843, als Stirner heiratet, ist er noch immer Lehrer an der privaten Mädchenschule der Madame Gropius, arbeitet aber gleichzeitig bereits an seinem Hauptwerk. Zeitungskorrespondenzen kann er seit Anfang 1843 nicht mehr unterbringen, da die *Leipziger Allgemeine Zeitung* in Preußen verboten worden war und die *Rheinische Zeitung* nun von Marx geleitet

[48] Mackay 1914, 118.

wird. Zwei längere Artikel hatte er im Sommer 1843 für ein Zeitschriftenprojekt seines Freundes Ludwig Buhl geschrieben, das aber zunächst gescheitert war.

Einen Verleger für sein Buch, das im Sommer 1844 fertig ist, findet Stirner ohne Mühe. Otto Wigand in Leipzig, der schon Bücher Feuerbachs und Bruno Bauers verlegt hatte, ist bereit, auch Stirners gegen diese beiden Autoren gerichtetes Werk herauszubringen. Schwierigkeiten drohen allerdings, auch im liberaleren Sachsen, von der Zensur.

Da *Der Einzige* mehr als 20 Druckbögen umfaßte, unterlag er zwar nicht der Vorzensur, wohl aber der Gefahr, nach Erscheinen sofort beschlagnahmt zu werden. Die Geschichte der Verhängung, Aufhebung, Wiederverhängung usw. von Verboten des Druckes in den verschiedenen deutschen Ländern sowie der diplomatischen Verstimmungen infolgedessen hat Houben dargestellt. Das Buch wende sich „auf das Entschiedenste gegen alle Religion und Sittlichkeit, gegen jede politische und gesellschaftliche Ordnung“ und sei deshalb „dem gemeinen Wohle Gefahr bringend“,[49] entschieden die einen; es lese sich „großenteils sogar wie Ironie und eine schlagende Selbstwiderlegung“, weshalb „die religiös-sittliche Ansicht des Lebens kaum wirksamer gefördert werden“[50] könne, meinten die anderen. Am klügsten erwiesen sich im nachhinein jene Zensoren, die fanden, man solle „nicht erst durch ein Verbot auf das Buch aufmerksam machen“;[51] denn tatsächlich wurde es ja dann innerhalb der nächsten zwei Jahre so gut wie vergessen.

Als taktische Finte erscheint, daß Stirner sich in eben diesem Buch auch kritisch mit dem Problem der Zensur bzw. der Rede- und Pressefreiheit auseinandersetzt und dabei seine eigene „Taktik“ darlegt. Seine theoretischen Ausführungen zu diesem Thema verdienen insofern besonderes Interesse, als sie mit seiner praktischen Tätigkeit unmittelbarsten Zusammenhang haben.

Zunächst läßt er sich von den akuten Nöten, die ihn auch selbst drücken, nicht vom Kern des Problems ablenken. Er hält politische Bestrebungen für unzureichend, die „nichts weiter [beabsichtigen], als die Presse von persönlichen und willkürlichen Eingriffen der Machthaber zu befreien, ohne daran zu denken, daß sie, um wirklich für Jedermann offen zu sein, auch von den Gesetzen, d.h. vom Volkswillen (Staatswillen) frei sein müßte.“ Denn Folge wäre: „Das Volk spielt den Richter über meine Ge-

---

49 Houben, Hubert H.: *Verbotene Literatur von der klassischen Zeit bis zur Gegenwart. Ein kritisch-historisches Lexikon über verbotene Bücher, Zeitschriften und Theaterstücke, Schriftsteller und Verleger*, Dessau ²1925, 577–581.

50 Andréas, Bert/Mönke, Wolfgang: „Neue Daten zur ‚Deutschen Ideologie‘. Mit einem unbekannten Brief von Karl Marx und anderen Dokumenten“, in: *Archiv für Sozialgeschichte* 8 (1968), 18f. (Fn.)

51 Houben 1925, 579.

danken ... Die Geschworenen [aber] haben, wenn ihre fixen Ideen angegriffen werden, ebenso harte Köpfe und Herzen, als die stiersten Despoten und deren knechtische Beamte [...] Durch ein Preßgesetz ziehe oder lasse Ich meinen Veröffentlichungen eine Grenze ziehen."

Stirner meint nicht nur die „Schere im Kopf" aufgrund nüchterner Kalkulation über die Folgen der Übertretung eines wie auch immer zustandegekommenen Gesetzes, sondern auch jene, die zensiert, weil jemandem das Gesetz „heilig" ist. „Wenn Ich etwas nicht schreiben kann oder darf, so liegt die nächste Schuld vielleicht an Mir." Was es ist, das jemandem „heilig" ist, spielt für Stirner eine untergeordnete Rolle. Wenn er fragt: „Was kann ein Christgläubiger sagen und drucken lassen, das freier wäre von jener Christgläubigkeit, als er selbst es ist?", so kann statt Christ- auch Staats- oder Gesetzesgläubigkeit stehen. „Solange auch nur für ein geistiges Wesen noch Respekt gefordert wird, muß die Rede und Presse im Namen dieses Wesens geknechtet werden". Dabei weiß Stirner sehr wohl von der Einheit des Respektforderns und Respektierens und resümiert: „Mit einem Worte, die Presse wird von dem nicht frei, von dem Ich nicht frei bin." Damit sei er nun beileibe kein Gegner der Preßfreiheit, er „behaupte nur, daß man sie nie bekommen wird, wenn man nur sie, die Preßfreiheit, will, d.h. wenn man nur auf eine unbeschränkte Erlaubnis ausgeht."

Denn eines sei klar: „Preßfreiheit, die laute Forderung der Liberalen, ist allerdings möglich *im* Staate, ja sie ist nur *im* Staate möglich, weil sie eine *Erlaubnis* ist, der Erlaubende folglich, der Staat, nicht fehlen darf. [...] Aber wie, wenn Staatsgegner das freie Wort sich zu Nutze machten, und gegen Kirche, Staat, Sitte und alles ‚Heilige' mit unerbittlichen Gründen losstürmten? ... Der Staat wird und kann Mir freiwillig nie erlauben, daß Ich ihn durch die Presse zermalme."

In einem fiktiven Dialog geht Stirner auf einen Einwand ein: „‚Unsinn! Du, der Du solche Gedanken, wie sie in Deinem Buche stehen, hegst, kannst sie ja selbst leider nur durch einen glücklichen Zufall oder auf Schleichwegen zur Öffentlichkeit bringen; gleichwohl willst Du dagegen eifern, daß man den Staat so lange dränge und überlaufe, bis er die verweigerte Druckerlaubnis gibt?' Ein also angeredeter Schriftsteller würde aber vielleicht – denn die Frechheit solcher Leute geht weit – Folgendes erwidern: ‚Erwägt eure Rede genau! Was tue Ich denn, um Mir für mein Buch Preßfreiheit zu verschaffen? Frage Ich nach der Erlaubnis, oder suche Ich nicht vielmehr ohne alle Frage nach Gesetzlichkeit eine günstige Gelegenheit, und ergreife sie in voller Rücksichtslosigkeit gegen den Staat und seine Wünsche? Ich – es muß das schreckenerregende Wort ausgesprochen werden – Ich betrüge den Staat. ... Ich suche mir eine List oder Gewalt aus, um zu drucken.' ... ‚Würdest Du ihre Erlaubnis nicht annehmen, wenn sie Dir gegeben würde?' ‚Gewiß, mit Freuden; denn ihre Erlaubnis wäre Mir ein Beweis, daß Ich sie betört und auf den Weg des Verderbens gebracht habe.

Um ihre Erlaubnis ist Mir's nicht zu tun, desto mehr aber um ihre Torheit und Niederlage. Ich werbe nicht um ihre Erlaubnis [als solche] ..., sondern Ich werbe darum, um sie an derselben verbluten zu lassen, damit endlich die Erlaubenden selbst aufhören."[52] Dabei übersieht Stirner keineswegs, daß der Erlaubende, „der Herr ein Machwerk des Dieners ist. Hörte die Unterwürfigkeit auf, so wär's um die Herrschaft geschehen."[53]

Stirners Ausführungen über Pressefreiheit konnten an dieser Stelle nur in solchen Auszügen wiedergegeben werden, die spezifische Begriffe, die erst später eingeführt werden, nicht enthalten. Sie vermitteln dennoch einen Eindruck davon, wie Stirner theoretisch das Freiheitsproblem anpackt und wie er praktisch mit der politischen Realität umgeht bzw. umzugehen gedenkt. Wenn er aber schreibt: „Die Druckerlaubnis hole ich mir nur von – *Mir* und meiner Kraft",[54] so ist dies ein typisches Beispiel für Stellen, die seine Gegner zum Anlaß genommen haben, ihn zum bloßen „Renommisten" abzuwerten.

Nicht nur gelegentliche „Renommage" gilt als unschicklich in einem seriösen philosophischen Werk: Die Großschreibung der Worte „Ich", „Mein" usw., die Widmung „Meinem Liebchen Marie Dähnhardt", die ironisierende und travestierende Art des Umgangs mit der Hegelschen Philosophie sowie einige plakative Formulierungen sorgten für weitere Irritationen.

Philosophische Kommentatoren haben in Stirner einen „unbeholfenen Kopisten Hegels"[55] gesehen, aber auch denjenigen, der „im Vollbesitz der kalten und scharfen Dialektik Hegels ... Hegel vernichtet."[56] Weniger philosophische Kommentatoren meinten, „eine unendliche Menschenliebe durchflamme das Buch",[57] aber auch, es sei von einem „Fanatiker des rohen Faustrechts"[58] geschrieben worden. Für den einen Philosophiehistoriker erschien es „zweifelhaft, ob das Buch ernst genommen sein wolle";[59] für den anderen kann es zwar „eine eigentlich philosophische Untersuchung" nicht genannt werden, „der Ernst des Buches"[60] jedoch stehe außer Zweifel.

---

52 Alle Zit.: EE 312–317.

53 EE 214.

54 EE 316

55 MEW 3, 153.

56 Mauthner 1923, 214.

57 Goldschmidt, Arthur: „Max Stirner, sein Leben und sein Werk", in: *Die Gesellschaft. Halbmonatsschrift für Litteratur, Kunst und Socialpolitik*, hrsg. v. M.G. Conrad und L. Jacobowski, Jg. 1898, Drittes Quartal, 227–239, 236.

58 Biermann, Wilhelm E.: *Anarchismus und Kommunismus. Sechs Volkshochschulvorträge*, Leipzig 1906, 54.

59 Windelband, Wilhelm: *Lehrbuch der Geschichte der Philosophie*, Tübingen [15]1957, 576.

60 Oesterreich, Traugott Konstantin (Hrsg.): *Friedrich Ueberwegs Grundriß der Geschichte der Philosophie*, Bd. 4, Berlin [12]1923, 231.

Auch Zensoren haben sich gefragt, „was der Verfasser eigentlich damit gewollt habe“,[61] und seine ernste Absicht bezweifelt; die einen sahen im *Einzigen* eine Gefahr für die Sittlichkeit, die anderen, der „schlagenden Selbstwiderlegung“ wegen, eher eine Stütze für sie.

Welche der genannten formalen bzw. stilistischen Besonderheiten Stirner der Zensur halber taktisch gezielt eingesetzt haben mag, bleibe dahingestellt. Er selbst scheint jedenfalls fest damit zu rechnen, daß sein Buch in einigen deutschen Ländern von der Zensur unbehelligt bleibt; denn am 30. September 1844 gibt er, in Erwartung der Reaktionen auf den *Einzigen*, seine Lehrerstelle auf.

In Hinblick auf die Zensur erfüllen sich seine Erwartungen zwar, nicht aber in Hinblick auf die Publikumswirkung, insbesondere auf die Adressaten seiner Kritik: Bruno Bauer und Ludwig Feuerbach sowie deren Anhängerschaft. Für Bauers „Kritik“ schreibt ein gewisser Szeliga „einen unglaublich dämlichen Verriß“;[62] Bauer selbst schweigt. Feuerbachs öffentliche und private Reaktion wurde bereits eingangs skizziert. Marx und Engels, noch Feuerbachianer, liegen mit ihrer Stirner-Kritik zunächst auf der Linie des Sozialisten Moses Hess.[63] Erst als Reaktion auf Stirners Replik auf Hess (in: *Recensenten Stirners*) schreiben sie ihre Kritik *St. Max*, von der Stirner, da sie unveröffentlicht bleibt, nie erfahren wird. (Vgl. Kapitel „Karl Marx“)

Stirner ist nicht an der Zensur gescheitert, sondern an der Unfähigkeit bzw. Unwilligkeit seiner Adressaten, der „Revolutionärsten und Aufgeklärtesten unserer Zeit“,[64] sich mit ihm auseinanderzusetzen. Keine drei Jahre nach Erscheinen des *Einzigen* sind Buch und Autor vergessen.

---

61 Andréas/Mönke 1968, 18f. (Fn.)
62 Helms 1966, 46.
63 Hess, Moses: *Die letzten Philosophen*, Darmstadt 1845.
64 Vgl. EE 205, 360.

Stirners philosophisches Milieu

Die philosophiegeschichtliche Einordnung Stirners erfolgt meist aufgrund seiner Stellung zu Hegel, die allerdings sehr unterschiedlich gesehen wird. Für die einen „unbeholfener Hegel-Kopist“,[65] ist er für andere „der letzte und logischste Hegelianer“.[66] Sein Buch, heißt es einmal, sei „eine letzte Konsequenz aus Hegels weltgeschichtlicher Konstruktion, die es – allegorisch entstellt – genau wiederholt“;[67] ein andermal meint man, es seien „die Übereinstimmungen *mit* Hegel nur formal“ und „Stirners Verfahren richte sich *gegen* Hegel, indem es Hegels dialektische Geschichtsphilosophie lächerlich macht, die Dialektik Hegels ad absurdum führt.“[68] Oder man sieht bei Hegel und Stirner „zwei gleichermaßen folgerichtige geistige Haltungen“ und die Aktualität Stirners (1938) darin, daß „alles was Stirner an Hegel und den Junghegelianern gehaßt und bekämpft hatte, sich in tief verwandelter Gestalt in Marxens Lehre findet.“[69]

Die auseinanderfallenden Einschätzungen beruhen zum großen Teil auf der Doppeldeutigkeit der Hegelschen Lehre, die die philosophische Forschung bis heute beschäftigt und noch immer Anlaß zu massiven Kontroversen gibt (z.B. Spaltung der Internationalen Hegelgesellschaft, April 1982). Es wäre jedoch falsch, aus den hier und in der Einleitung vorgebrachten Zitaten zu schließen, die Philosophie habe sich mit Stirner ernsthaft auseinandergesetzt; er gilt im allgemeinen als abseitiger Autor und wird im weitaus größten Teil der einschlägigen Literatur ignoriert.

Umgekehrt befaßt sich auch Stirner in seinen Schriften nicht in der üblichen Weise mit Philosophie; er nennt keine Vorläufer, sagt von sich, er sei „weder der Champion eines Gedankens noch der des Denkens“, bezeichnet die Vergangenheit der kulturellen Entwicklung gar als „lange[] Nacht des Denkens und des Glaubens.“[70] Er sieht sich nicht berufen, „ein Problem lösen zu helfen, das er nicht gestellt hat“, und hält es mit „Alexander, der du den gordischen Knoten zerhaust, den du nicht geknüpft hast.“[71]

Namen wie Rousseau, Descartes, Bacon, Hume oder Kant kommen im *Einzigen* zwar vor, aber nur in Nebenbemerkungen oder Fußnoten. Bei der Philosophie des Altertums verweilt Stirner nur ganze zehn Seiten. Intensiver, aber keineswegs systematisch, setzt er sich mit Hegel auseinander.

---

65 MEW 3, 153.

66 McLellan, David: *Die Junghegelianer und Karl Marx*, übertr. v. Renate Zauscher, München 1974, 138.

67 Löwith, Karl: *Von Hegel bis Nietzsche*, Zürich 1941, 118.

68 Kast 1979, 161.

69 Mayer, Hans: „Stirner und Hegel“, in: *Neue Zürcher Zeitung* vom 6.9.1938.

70 EE 164.

71 KS 408.

Seine hauptsächliche Kritik gilt den Hegelkritikern Ludwig Feuerbach und Bruno Bauer, denen er mangelnde Konsequenz vorwirft.

Auf die Diskussion in der sich auflösenden Hegelschule, die 1835 mit David Friedrich Strauß' *Das Leben Jesu* theologisch begann und 1841 mit Ludwig Feuerbachs *Das Wesen des Christentums* eine (nach Stirner nur scheinbare) anthropologische Wende bekam, kann hier nicht eingegangen werden. Nur insofern, als zum Verständnis Stirners unerläßlich, werden im folgenden einige Grundzüge der Positionen Hegels und seiner Kritiker Bauer und Feuerbach dargestellt.

Hegels „Philosophie der Versöhnung"

Hegel (1770–1831) hat die französische Revolution zwar zeitlebens als wichtigstes Ereignis der menschlichen Geschichte angesehen; das aufklärerische Denken aber mit seinem Anspruch, als einziges „vernünftig" zu sein, betrachtete er mit wachsender Skepsis. Grund dafür war ihm die schmale empirische Basis der „reinen Einsicht", wie er die Aufklärungsvernunft bezeichnete, ihre weitgehend negative Bezogenheit auf ihren Widersacher, den alteingewurzelten und gewachsenen Glauben. Aufklärungsvernunft und Glaube waren für Hegel die beiden Seiten jener „unseligsten Entzweiung" des abendländischen Geistes seit Beginn der Neuzeit, die zu versöhnen für ihn „Quell des Bedürfnisses der Philosophie"[72] war.

Hegel stellte zudem die Forderung, „daß die Erhebung der Philosophie zur Wissenschaft an der Zeit ist".[73] „Das *was ist* zu begreifen, ist die Aufgabe der Philosophie, denn das *was ist*, ist die Vernunft." Seinen Begriff der Vernunft entwickelte er gegen den der Aufklärung: „Von der Natur gibt man zu, daß die Philosophie sie zu erkennen habe, *wie sie ist*, ... daß sie [die Natur] *in sich vernünftig* sei. Die sittliche Welt dagegen, der Staat ... soll nicht des Glücks genießen, daß es die Vernunft ist, welche in der Tat in diesem Elemente sich zur Kraft und Gewalt gebracht habe." Hegel sah seine Rechtsphilosophie deshalb als „Versuch, den Staat als ein in sich Vernünftiges zu begreifen und darzustellen."[74] Und er nannte es den „Zweck seiner religionsphilosophischen Vorlesungen, die [aufklärerische] Vernunft mit der Religion zu versöhnen."[75]

Das Programm der Hegelschen Philosophie gleicht auf den ersten Blick dem der späteren wertfreien Wissenschaft: „das Erfassen des Gegenwärtigen und Wirklichen, nicht das Aufstellen eines Jenseitigen, das Gott

---

72 Zit. n. Stuke, Horst: *Philosophie der Tat. Studien zur „Verwirklichung der Philosophie" bei den Junghegelianern und den wahren Sozialisten*, Stuttgart 1963, 41, 39.

73 Hegel, G.W.F.: *Phänomenologie des Geistes*, Frankfurt/M. 1973, 14.

74 Ders.; *Grundlinien der Philosophie des Rechts*, Frankfurt/M. 1976, 26, 15, 26.

75 Zit. n. KS 12.

weiß wo sein sollte"; ein „Belehren, wie die Welt sein soll" ist für Hegel der „Irrtum eines einseitigen, leeren Räsonierens"[76] und nicht Aufgabe der Wissenschaft. Die häufig anzutreffende und wahrscheinlich gut gemeinte Hegel-Exegese, nach der sein Satz „Was wirklich ist, das ist vernünftig" im „nicht zensierten Klartext" meinen soll „Das Vernünftige soll wirklich sein",[77] verkennt geradezu den wichtigsten und wertvollsten, zudem originellsten, Gedanken Hegels.

Dennoch sind, da Gegenstand Hegelscher Wissenschaft „das Ganze" ist, Wertlehre und Ethik integraler Bestandteil seines Systems: „Welcher Inhalt gut oder nicht gut, recht oder unrecht ist, dies ist ... in den Gesetzen und Sitten des Staates gegeben."[78] Böse ist es demnach, „die eigene Besonderheit über das Allgemeine zum Prinzip zu machen und sie durch Handeln zu realisieren." Denn: „Die einzelne Person ist allerdings ein Untergeordnetes, das dem sittlichen Ganzen sich weihen muß", in seinem gesamten Tun und bis zur letzten Konsequenz: „Wenn der Staat daher das Leben fordert, so muß das Individuum es geben."[79]

Vielen Zeitgenossen Hegels war diese Sicht, sei es aus Mangel an „natürlicher Sitteneinfalt" oder wegen zu geringer „Ehrfurcht und Achtung vor dem bestehenden Gesetz", nicht mehr selbstverständlich. Ihnen empfahl Hegel „Bildung" als „Glättung der Besonderheit"; Bildung sei Befreiung und Befreiung „die harte Arbeit gegen die bloße Subjektivität des Benehmens ..." „Freiheit ist Einsicht in die Notwendigkeit" lautet die später auch im Marxismus geläufige Formel. Habe man sich erst „zu demjenigen Denken erhoben, für welches die Einzelheit des Bewußtseins mit dem reinen Denken selbst ausgesöhnt ist",[80] meint Hegel, so habe man auch die „Weisheit, so zu leben wie sein Volk." Für ihn selbst, der sich als „beamteten Großphilosophen Preußens" verstand, gehörte freilich dazu, Lutheraner zu sein: „Ich bin es und will es bleiben."[81]

Eine nähere Beschäftigung mit Hegels Philosophie ist im Hinblick auf Stirner nicht vonnöten, obwohl dieser sich zeitbedingt natürlich oft auf sie bezieht, sie kritisiert oder auch travestiert. Die dialektische Methode z.B., mit der Hegel „die Totalität, welche die Zeit zerrissen hat",[82] neu stiften wollte, persifliert Stirner als „dialektische[s] Kunststück": „Was könnt Ihr Gesundes dagegen erwidern, wenn ich dialektisch wieder auflöse, was Ihr bloß dialektisch gesetzt habt? Ihr habt mir gezeigt, mit welcher ‚Volubili-

76 Hegel 1976, 261, 152.
77 Vgl. ebd., letzte Umschlagseite.
78 Zit. n. Gehlen, Arnold: *Moral und Hypermoral. Eine pluralistische Ethik*, Frankfurt/M. 1969, 39.
79 Hegel 1976, 261, 152.
80 Ebd., S. 344, 17, 344f.
81 Zit. n. Löwith 1941, 33; vgl. EE 100.
82 Zit. n. Stuke 1963, 40.

tät' man Alles zu Nichts und Nichts zu Allem, Schwarz zu Weiß und Weiß zu Schwarz machen könne. Was habt Ihr dagegen, wenn ich Euere saubere Kunst zurückgebe?"[83]

Das war freilich bloß eine rhetorische Frage Stirners. Andere nachhegelsche Denker jedoch wußten die „Große Methode" mit Geschick zu handhaben und glaubten, mit ihr Jahrtausende alte reale Menschheitsprobleme in den Griff zu bekommen: von Marx bis Marcuse galt Dialektik als überlegene theoretische Methode moderner Aufklärung. Einer ihrer Virtuosen, Adorno, sah sich nach jahrzehntelangem Philosophieren „auf den von Marx und Engels so höhnisch kritisierten Standpunkt des Linkshegelianismus zurückgedrängt"[84] und blieb der „Methode" treu: er ersann eine „Negative Dialektik".

Welthistorische Bedeutung hingegen erlangten jene Entwicklungsstränge Hegelschen Denkens, die über Marx zu Stalin und, so der Titel einer neueren, umfangreichen Studie, „Von Hegel zu Hitler"[85] führten.

Daß seine dialektische Methode zur beliebigen Manipulierbarkeit gegebenen Materials tauge, hatte übrigens Hegel selbst, ein Bedenken Goethes bestätigend, eingeräumt; er war allerding der Auffassung, Mißbrauch mit ihr würden nur „Leute, die geistig krank sind", treiben.[86] Die Schwächen der Hegelschen Philosophie, die Dialektik und eine Sprache, die Stirner als „verderbt ... und einer grenzenlosen Begriffsverwirrung fähig"[87] bezeichnete, interessieren hier jedoch weniger als ihre große Stärke: ihr rein empirisches Fundament. Zwei Verdienste sollten Hegel deshalb nicht streitig gemacht werden:

1) Sein Veto gegen den Vernunftbegriff der Aufklärung, indem er auf der Prämisse bestand: „Es geht vernünftig zu. Mit diesem Glauben an den Weltgeist müssen wir an die Geschichte gehen."[88]

2) Sein Veto gegen das bloß „jenseitige", empirisch unfundierte Konzept der Aufklärung vom autonomen Individuum.

Weder der von Hegel gegen die Aufklärung entwickelte Vernunftbegriff noch seine Vorstellungen von der Rolle des Individuums im „sittlichen Ganzen" waren und sind von Bedeutung für aufklärerisches Denken, wohl aber sein massiver Hinweis auf dessen „Jenseitigkeit". Stirner hat, eingedenk der begründeten Skepsis Hegels, versucht, dem aufklärerischen Denken eine „diesseitige" Basis zu geben. Er hat sich damit in Opposition ge-

---

83 KS 406.

84 Adorno, Theodor W. u.a.: *Der Positivismusstreit in der deutschen Soziologie*, Darmstadt 1969, 151.

85 Kiesewetter, Hubert: *Von Hegel zu Hitler. Eine Analyse der Hegelschen Machtstaatsideologie und der politischen Wirkungsgeschichte des Rechtshegelianismus*, Hamburg 1974.

86 Gespräch mit Eckermann am 18.10.1827.

87 KS 413.

88 Hegel 1973, 18.

setzt sowohl zu Hegel als auch zu denen, die die Aufklärung in Deutschland repräsentierten, zu Bauer und Feuerbach. Nach Stirner, genauer: als direkte Reaktion auf ihn, hat Marx den historischen Materialismus konzipiert und dabei Elemente aus Hegel (Dialektik, Historizismus), Feuerbach (Materialismus, „Gattungswesen") und Stirner (Ablehnung des realen ebenso wie eines „jenseitigen", d.h. geplanten idealen Menschen, „offene" Zukunft) mit dem aufkommenden historisch-soziologischen Trend der Arbeiterbewegung kombiniert. Davon wird in einem gesonderten Kapitel die Rede sein.

Nach einem Jahrhundert „weltverändernder" Wirkung hat die Marxsche Theorie so viel von ihrer Faszinationskraft eingebüßt, daß heute die Chancen für eine Neubewertung des Stirnerschen Denkens wieder günstiger sind. Vielleicht vermag es gar einen Impuls zu geben, der das aufklärerische Denken aus jener Betäubung erweckt, in die es sich selbst versetzt hat, als es im demokratischen Zeitalter die Mündigkeit des Menschen nicht mehr postulierte, sondern kurzerhand konstatierte.

Bevor jedoch Stirner zu Wort kommen soll, ist das philosophische Milieu grob zu skizzieren, aus dem sein Denken hervorgegangen ist: die „Philosophie der Tat" der Junghegelianer, die als Aufklärer natürlich wußten, „daß es darauf ankommt, die Welt zu verändern", aber auch, daß es nicht nur darauf ankommt.

Die junghegelianische „Philosophie der Tat"

Mehr als alle Philosophen vor ihm hatte Hegel die menschliche Geschichte zum Gegenstand seines Denkens gemacht. Die Zeit, in der er lebte, sah er, unter dem Eindruck der französischen Revolution und ihrer unmittelbaren Folgen, als „eine Zeit der Geburt und des Übergangs zu einer neuen Periode"; er sprach von einem bevorstehenden „qualitativen Sprung" in der Menschheitsentwicklung und verglich die bisherige Geschichte mit dem vorgeburtlichen Leben des Einzelwesens.[89] Überschätzung der geschichtswirksamen Kraft der Aufklärung („eine durchdringende Ansteckung, welche ... nicht abgewehrt werden kann"[90]) und empiristisch begründete Skepsis ihr gegenüber kennzeichnen Hegels ambivalente Haltung, aus der seine Versöhnungsphilosophie entstand: „Die Vernunft als die Rose im Kreuze der Gegenwart zu erkennen und damit dieser sich zu erfreuen, diese vernünftige Einsicht ist die *Versöhnung* mit der Wirklichkeit, welche die Philosophie ... gewährt."[91]

---

[89] Hegel 1973, 18.
[90] Ebd., 402f.
[91] Hegel 1976, 26f.

„Was soll sich nicht alles miteinander vertragen, ausgleichen, versöhnen! An dieser Verträglichkeit und Milde haben wir lange genug gelitten."[92] Stirners Ausruf drückt demgegenüber die Stimmung eines Teils der Hegelschule aus, der sog. Links- oder Junghegelianer, für die aufklärerisches Denken einige Jahre nach Hegels Tod wieder an Bedeutung gewann. Die verführerische Forderung Fichtes, des Vorgängers von Hegel in Berlin, „die gesamten Verhältnisse der Menschheit nach der vorher wissenschaftlich aufgefaßten Vernunft einzurichten",[93] charakterisiert einen ideologischen Trend im vormärzlichen Deutschland, gegen den, angesichts der preußischen Realität, auch die Berliner Hegelschüler nicht immun waren. „Verwirklichung der Philosophie" und „Philosophie der Tat" hießen also die Parolen der Zeit.

Stirner kann in den Jahren 1841–43 durchaus zu den Junghegelianern gezählt werden, obwohl die Position, die er 1844 im *Einzigen* einnimmt, schon in seinen ersten Veröffentlichungen (1842) durchscheint. Im *Einzigen* wendet er sich dann gerade gegen die Junghegelianer, vor allem gegen deren totalitäre Ansprüche, wie z.B. den des jungen Marx: Man hat „die Forderung erfunden und gestellt: Ich müsse ein ‚wirkliches Gattungswesen' werden." Stirner sieht darin keine „Vernunft", sondern nur kaschierte Theologie: „Mit dem höheren Wesen ... treiben die Atheisten ihren Spott, ... ohne zu merken, daß sie selber aus Bedürfnis eines höheren Wesens das alte nur vernichten, um für ein neues Platz zu gewinnen. [...] ‚Der Mensch' ist der heutige Gott ... Unsere Atheisten sind fromme Leute." Deshalb widmet Stirner die erste Abteilung seines Buches der Kritik dieser Lehren: „Der Mensch ist dem Menschen das höchste Wesen, sagt Feuerbach. Der Mensch ist nun erst gefunden, sagt Bruno Bauer. Sehen wir uns dieses höchste Wesen und diesen neuen Fund genauer an."[94]

Feuerbach war der Auffassung gewesen, er habe „bewiesen, daß das Geheimnis der Theologie die Anthropologie, des göttlichen Wesens das menschliche Wesen ist."[95] „Gott ist nichts anderes als das Ur- und Vorbild des Menschen: *Wie* und *was* Gott ist, so und das soll, so und das *will* der Mensch sein oder hofft er wenigstens, einst zu werden."[96] „Gott ist nichts anderes als das Wesen des Menschen, gereinigt von dem, was dem menschlichen Individuum ... als Schranke, als Übel erscheint."[97] Stirner setzt dagegen, „wie durchaus theologisch, d.h. gottesgelahrt, die Befreiung ist, welche Feuerbach Uns zu geben sich bemüht. [...] Feuerbach ... meint, wenn

---

92 KS 11.

93 Zit. n. Stuke 1963, 82.

94 EE 192, 40, 203, 7.

95 Feuerbach, Ludwig: *Das Wesen des Christentums*, Stuttgart 1969, 400.

96 Zit. n. Schmidt, Alfred: *Emanzipatorische Sinnlichkeit. Ludwig Feuerbachs anthropologischer Materialismus*, Frankfurt/M. 1977, 168f.

97 Feuerbach 1969, 279.

er das Göttliche vermenschliche, so habe er die Wahrheit gefunden. Nein, hat Uns der Gott gequält, so ist ‚der Mensch' im Stande, Uns noch marternder zu pressen." Was Feuerbach getan habe, sei „nur eine Umstellung von Subjekt und Prädikat, eine Bevorzugung des letzteren."[98]

Obwohl Feuerbach meinte, die Menschheit müsse, „wenn sie eine neue Epoche begründen will, rücksichtslos mit der Vergangenheit brechen",[99] leitete er selbst den zentralen Begriff seiner „Philosophie der Zukunft", den „realen Humanismus", aus problematischstem geistigen Erbe ab: das „Gattungswesen" Mensch seiner Anthropologie basiert auf den Lehren der christlichen Religion. Zwar versichert er, „das Wahre vom Falschen" geschieden zu haben;[100] seine Kriterien jedoch, bei denen der „wirkliche, sinnliche Mensch" eine Rolle spielen soll, sind, wie Stirner bemerkte, nicht weniger dubios: „So heißt es S. 68–69: ‚das Sinnliche sei nicht das Profane, Gedankenlose, das auf platter Hand Liegende, das sich von selbst Verstehende.' Ist es aber das Heilige, das Gedankenvolle, das verborgen Liegende, das nur durch Vermittlung Verständliche – nun so ist es nicht mehr das, was man das Sinnliche nennt."[101]

Feuerbach hatte in den vierziger Jahren beträchtlichen Einfluß im Kreise der Junghegelianer. Sein „realer Humanismus" war Grundlage für den „Wahren Sozialismus" von Moses Heß (*Die Philosophie der Tat*, ³1844) und Karl Grün. Marx und Engels, in jungen Jahren ganz offen begeisterte Anhänger Feuerbachs, hielten am „realen Humanismus" insgeheim noch fest, nachdem sie sich in ihren theoretischen Schriften von ihm distanziert hatten.

Auch Bruno Bauer, wichtigste Stimme der junghegelianischen „freien, menschlichen Kritik", hielt einen „Bruch mit der ganzen bisherigen Kultur" für notwendig, um ein „neues Zeitalter" herbeizuführen. „Um der Geschichte ein für allemal ihren neuen Weg zu bereiten", sei zunächst rücksichtslose Aufklärung vonnöten. „Das Innere, das Wesen der Sache soll enthüllt, die Tiefe des Geistes soll aufgerissen werden, damit die Menschheit weiß, woran sie ist, damit unser wahres Wesen ... sich in uns entwickle und endlich frei werde." Das wahre Wesen, die „wahren Formen seiner Existenz", trage das „reine Selbstbewußtsein" zunächst „als Ideale in sich".[102] Der Kritiker antizipiere durch permanente Kritik die Zukunft. Stirner bemerkt zu diesem Konzept: „Der Kritiker geht von einem Satze, einer Wahrheit, einem Glauben aus. Dieser ist nicht eine Schöpfung des Kritikers, sondern des Dogmatikers, ja er wird sogar gewöhnlich aus der Zeitbildung ohne Weiteres aufgenommen, wie z.B. ‚die Freiheit', ‚die Mensch-

---

98 EE 34, 191, 63.

99 Zit. n. Sass, Hans-Martin: *Ludwig Feuerbach*, Reinbek 1978, 48.

100 Zit. n. McLellan 1974, 108.

101 EE 382.

102 Zit. n. Stuke 1963, 187, 160, 169, 159.

lichkeit' usw. Der Kritiker hat nicht ,den Menschen gefunden', sondern als ,der Mensch' ist diese Wahrheit vom Dogmatiker festgestellt worden, und der Kritiker, der übrigens mit jenem dieselbe Person sein kann, glaubt an diese Wahrheit ... Das Geheimnis der Kritik ist irgendeine ,Wahrheit': diese bleibt ihr energierendes Mysterium."[103] Die Parallelen zur modernen „Kritischen Theorie" mit ihren Topoi „richtiger Mensch" und „richtige Gesellschaft" sind evident.

In Theorien, die den „wahren", „vernünftigen", „neuen", „richtigen" u.ä. Menschen postulieren – ob nun naiv mit den „göttlichen" Prädikaten versehen oder, gewitzter, als Leerformel, die jeder Anhänger insgeheim mit diesen füllt –, wird Hegels Warnung vor der Jenseitigkeit solcher „Vernunft" ignoriert. Sie stellen sich, so Hegel, „dem Daseienden gegenüber und wollen als an und für sich richtig und notwendig erscheinen."[104] Diese Skepsis muß kein Konservatismus sein; der Philosoph geschichtlichen Wandels hielt es lediglich für absurd zu glauben, man könne als Theoretiker den „Weltgeist" gewissermaßen an die Kandare nehmen.

Die konsequente Diesseitigkeit Hegels findet sich auch bei Stirner. Sein Urteil über den aufklärerischen Junghegelianismus ist deshalb eindeutig: „Die *menschliche* Religion ist nur die letzte Metamorphose der christlichen Religion [...] Das Jenseits außer Uns ist allerdings weggefegt, und das große Unternehmen der Aufklärer vollbracht; allein das Jenseits in Uns ist ein neuer Himmel geworden und ruft Uns zu erneutem Himmelsstürmen."[105]

Stirner als radikaler Aufklärer

Den Aufruf „zu erneutem Himmelsstürmen", zur Beseitigung des „Jenseits in Uns", stellt Stirner der zweiten, größeren Hälfte des *Einzigen* als Motto voran; hier liegt sein eigentliches Thema. Zunächst irritiert allerdings, daß er die Aufklärung für theoretisch abgeschlossen erklärt, obwohl er ihr Ergebnis als bloße „Metamorphose" früherer Lehren ansieht: „Wir leben noch ganz im christlichen Zeitalter, und die sich daran am meisten ärgern, tragen gerade am eifrigsten dazu bei, es zu ,vollenden'."

Gemeint sind hier in erster Linie die Philosophen Feuerbach und Bauer. Kritisch sieht Stirner aber auch die von der Aufklärung inspirierte Pädagogik; denn die Frage der Erziehung hält er für „so wichtig, als es eine unserer sozialen nur irgend sein kann, ja sie ist die wichtigste". Und hier sieht er ebenfalls noch stets das alte Prinzip am Werk: „Wo wird denn an

103 EE 393.
104 Hegel 1976, 17.
105 EE 192, 170.

Stelle der bisher genährten Unterwürfigkeit ein Oppositionsgeist gestärkt, wo ... gilt der freie Mensch als Ziel, und nicht bloß der gebildete?"[106]

Dieser „freie Mensch" ist Stirners zentrales Anliegen. In seiner Arbeit *Das unwahre Prinzip unserer Erziehung* versucht er, sein Erziehungsziel zu umschreiben: „In dieser darum universellen Bildung [die „souveräne Charaktere" hervorbringt, deren „Eigenwillen nicht gebrochen" ist], weil in ihr der Niedrigste mit dem Höchsten zusammen trifft, begegnen wir erst der wahren Gleichheit Aller, der *Gleichheit freier* Personen: nur die Freiheit ist Gleichheit."[107] „Vernünftiger Mensch", „selbstschöpferische Person", „wieder naiv gewordener Mensch": das sind einige der Ausdrücke, die er dort noch verwendet, später aber verwirft und durch den „Eigner" ersetzt. Mit der Konzeption des „Eigners" erweist sich Stirner nach einem heute möglichen Begriffsverständnis, das unter Aufklärung eine nach wie vor aktuelle Aufgabe sieht, durchaus als Aufklärer, und zwar als radikaler.

Stirner macht sich Hegels Kritik am Vernunftbegriff der Aufklärung zu eigen, ohne allerdings dessen Absichten zu teilen. Er bezieht Position gegen Hegelsche, aufklärerische und sonstige Ansprüche: „Alle Wahrheiten *unter* Mir sind Mir lieb; eine Wahrheit *über* Mir, eine Wahrheit, nach der Ich Mich *richten* müßte, kenne Ich nicht." Von wem und wie auch immer konzipiert, wie auch immer durchzusetzen geplant: Vernunftherrschaft im Sinne der Aufklärung ist für Stirner, abgesehen davon, daß sie ohnehin illusorisch ist, eine verkappte Form des alten Herrschaftsprinzips, was er an Bauer und Feuerbach exemplarisch demonstriert. Diese Art von Aufklärung hält Stirner für untauglich, das „Christliche Zeitalter" hinter sich zu lassen. Sein eigenes Denken dagegen sieht er als „Anfang, wenn auch noch ein sehr unbeholfener", eines völlig neuen Zeitalters, einer „neuen Geschichte, einer Geschichte des Genusses nach der Geschichte der Aufopferungen."[108]

Der Begriff der „neuen Geschichte" hat bei Stirner zweifache Bedeutung: Indem sie mit der eigenen „Selbstbefreiung", der „Empörung", dem „Emporkommen" und „Herausarbeiten Meiner aus dem Bestehenden" unmittelbar einsetzt, ist sie erlebte „neue[] Geschichte ... – Meiner".[109] Darin liegt ihre aktuelle, „individual-anarchistische" Bedeutung. Gesellschaftlich wird „neue Geschichte" in dem Maße, in dem andere Menschen ebenso handeln. Daß sie es tun, kann nicht erzwungen werden, weil „eine gegebene (oktroyierte) Freiheit doch keine Freiheit ... [und] alle Freiheit wesentlich – Selbstbefreiung" ist; der Prozeß erfordert Eigenaktivität: „Wer eine *seiner* Schranken umwirft, der kann Andern Weg und Mittel gezeigt haben; das Umwerfen *ihrer* Schranken bleibt ihre Sache. Auch tut Keiner etwas Ande-

---

106 EE 352, KS 237, 251.

107 KS 256.

108 EE 399, KS 365, EE 198.

109 EE 184, 354, 198.

res."[110] In dieser nüchternen Einschätzung liegt die illusionslose, utopische, „radikal-aufklärerische" Bedeutung von Stirners „neuer Geschichte".

Während die Problematik der „Selbstbefreiung" später im Zusammenhang mit Stirners Pädagogik diskutiert wird, soll jetzt begründet werden, warum Stirners aufklärerische Position hier „radikal" genannt wird.

Mit den meisten Aufklärern behauptet Stirner, „daß der bei weitem größte Teil der Menschen" (Kant[111]) aufzuklären sei bzw. unmündig ist: „Denke nicht, daß Ich scherze oder bildlich rede, wenn Ich die am Höheren hängenden Menschen, und weil die ungeheure Mehrzahl hierher gehört, fast die ganze Menschheit für veritable Narren, Narren im Tollhause ansehe ... Narren, die nur frei herumzugehen scheinen, weil das Narrenhaus, worin sie wandeln, einen so weiten Raum einnimmt."

Als Motiv dafür, daß er nicht „mit Narren in ein Haus gesperrt" leben möchte, nennt Stirner das Leid, das ihm persönlich durch die Gewalt der Narrengesellschaft zugefügt wird, deren Mitglieder „heimtückisch über den herfallen, der ihre fixe Idee anrührt", und ihn isolieren oder möglicherweise gar „aus einem Staatsgenossen in einen Gefängnisgenossen (Irrenhaus- oder Krankenhausgenossen nach dem Kommunismus [!])" verwandeln. Wohlgemerkt: Stirner beruft sich *nicht*, im Gegensatz zu dem „am Höheren hängenden Menschen", zu denen er eben auch die bisherigen Aufklärer rechnet, auf eine höhere Instanz, wie z.B. „die Vernunft", auf die, wie er ironisch anmerkt, sich auch Luther, Hus etc. beriefen. Er beruft sich einzig auf sein „egoistisches" Interesse: „Wollen Wir die Welt aus mancherlei Unfreiheit erlösen, so wollen Wir das nicht ihret- sondern Unsertwegen: denn da Wir keine Welterlöser von Profession und aus ‚Liebe' sind, so wollen Wir sie nur Andern abgewinnen: ... Gott (der Kirche), ... dem Gesetze (Staate) ... Mein Eigennutz hat ein Interesse an der Befreiung der Welt",[112] d.h. daran, daß jeder ein Eigner, ein „Egoist" ist.

Gleichermaßen bestimmt richtet sich Stirner gegen das von den meisten Aufklärern unbedenklich von der Tradition übernommene Grundübel des christlichen Zeitalters, das Konzept der moralischen Regulierung des geselligen Lebens: „Eine Appellation an die aufopfernde Gesinnung und die selbstverleugnende Liebe der Menschen sollte endlich ihren verführerischen Schein verloren haben, nachdem sie hinter einer Wirksamkeit von Jahrtausenden nichts zurückgelassen hat als die heutige – Misere ... Der Kommunismus und, bewußt oder unbewußt, der den Egoismus lästernde Humanismus zählt immer noch auf die Liebe ... Ich will aber lieber auf den Eigennutz der Menschen angewiesen sein als auf ihre ‚Liebesdienste'".[113]

---

110 EE 184f., 156.

111 Kant, Immanuel: *Was ist Aufklärung?*, Stuttgart 1974, 9.

112 EE 46f., 194, 341f.

113 EE 346f.

Der „Eigennutz", den Stirner als Motiv eigenen Handelns nennt und als bewußtes Motiv des Handelns anderer Menschen wünscht, ist ein sehr subtiler Begriff, der noch eingehend vorgestellt wird. „Der Egoismus, wie ihn Stirner geltend macht", repliziert er selbst auf zeitgenössische Mißverständnisse, sei „nicht gegen die Liebe, sondern gegen die heilige Liebe, nicht gegen das Denken, sondern gegen das heilige Denken, nicht gegen die Sozialisten, sondern gegen die heiligen Sozialisten usw." gerichtet.

Obwohl auch die wichtige Stirnersche Kategorie des „Heiligen" noch nicht eingeführt wurde, läßt das letzte Zitat doch erkennen, was gemeint ist: Stirners unnachgiebige Frontstellung gegen die wesentlich noch religiöse Basis der Aufklärung, von der er sagt, sie habe es nicht weiter gebracht als zu „äußersten Anstrengungen der ‚Gottesgelahrtheit', d.h. theologischen Insurrektionen."[114] Erbe dieser Art von Aufklärung wurde der Sozialismus in seinen mannigfachen Gestalten. Er bewahrte zwar den Totalitätsanspruch aller echten Aufklärung, aber nur um den Preis der dogmatischen Zwangsvermählung von neuer empiristischer Wissenschaftlichkeit mit altem religiösem Moralismus. Der „autonome Mensch" der Aufklärung galt und gilt unter ihm als bürgerliche „Fiktion".

„Realität" wurde der autonome Mensch als „mündiger Bürger" hingegen mühelos, sozusagen per Federstrich, unter dem Liberalismus, den Stirner als gleichermaßen evasives Pendant zum Sozialismus nicht minder heftig kritisiert. Liberalismus als der andere Erbe der Aufklärung gab deren Totalitätsanspruch auf; er spaltete das Religiöse von der „wertfreien" Wissenschaft formal ab und ließ es real gelten als „bloße[] ‚Privatnarrheiten', gegen die man übrigens sich wegen ihrer Unwesentlichkeit höchst liberal verhält". Doch diese Botschaft verfängt selbst im vormärzlichen Preußen bei Stirner nicht: „Die gerühmte Toleranz der Staaten ist eben nur ein Tolerieren des ‚Unschädlichen', ‚Ungefährlichen', ist nur ... eine achtungswertere, großartigere, stolzere – Despotie." Übrigens lehnt Stirner das Toleranzprinzip als totalitäres ebenso für den privaten Verkehr ab, denn auch hier erweist sich Liberalismus als Perversion von Aufklärung: „Was ein Mensch heilig hält, damit soll kein anderer sein Gespötte treiben, weil, so unwahr es immer sein ... mag, doch *das Heilige* selbst allzeit daran zu ehren ist". Dem entgegnet der „Entheiliger" Stirner: „Darum gerade, weil Du etwas heilig hältst, treibe Ich mit Dir mein Gespötte und, achtete Ich auch Alles an Dir, gerade dein Heiligtum achte Ich nicht."[115]

Sozialismus und Liberalismus werden von Stirner als unfähige Erben bzw. Fehlentwicklungen der Aufklärung kritisiert; freilich nicht wegen der handfesten Verbesserungen, die sie für die meisten Individuen mit sich bringen bzw. gebracht haben, sondern deshalb, weil man über diesen Erfol-

114 KS 375, EE 29.
115 EE 193, 249, 310f.

gen in der Praxis die ursprünglich motivierende utopische Idee, den autonomen Menschen, sogar in der Theorie vergessen hat. Stirner wandte sich als Aufklärer gegen diese beiden großen Erstarrungsformen von Aufklärung; deshalb wird er hier als radikaler Aufklärer bezeichnet.

Der Weg, den das aufklärerische Denken mit Stirner eingeschlagen hatte, ist seither nicht weiter verfolgt worden. Daß die beiden anderen Wege hundert Jahre später zu Stalin und Hitler geführt haben, ließ eine Schule moderner Aufklärung, die sich als „letzter Rest einer großen Zeit"[116] verstand, verzweifeln: Horkheimer und Adorno, die Begründer der „Kritischen Theorie", konstatierten nach ihrer Enttäuschung am „wissenschaftlichen Sozialismus", in den sie große Hoffnungen gesetzt hatten, eine aller Aufklärung prinzipiell inhärente „Dialektik", eine „Tendenz zur Selbstvernichtung".[117] Gleichermaßen versagte das großenteils aus Marx und Freud abgeleitete theoretische Instrumentarium dieser aufklärerischen Schule vor dem gemäßigten Liberalismus der relativ stabilen westlichen Demokratien, was am prägnantesten in Herbert Marcuses Essay über *Repressive Toleranz*[118] zum Ausdruck kommt. Nach der Resignation dieser modernsten aufklärerischen Schule gilt Aufklärung erst recht als obsolet.

Die Charakterisierung Stirners als radikaler Aufklärer wird natürlich erst im Verlauf dieser Darstellung sachlich näher begründet. Sie entspricht im Übrigen durchaus Stirners Selbsteinschätzung, wie aus den philosophiehistorischen Passagen des *Einzigen* hervorgeht. Da es Stirner darin lediglich darauf ankommt, seinen Standort zu markieren, bündelt er die Vielfalt der in der europäischen Philosophie vertretenen ethischen Lehren zu drei Hauptsträngen, die er zeitlich in zwei große Epochen gliedert.

Kriterium ist ihm dabei die grundsätzliche Position, die der einzelne Anhänger der jeweiligen Ethik gegenüber seiner Gesellschaft einnimmt: die kollektivistische Unterordnung oder die individualistische Selbstbehauptung, wobei letztere bisher stets nur in zweierlei Deformationsgestalt aufgetreten ist: militant oder resignativ gegenüber dem konformen Kollektiv.

Als Epochen trennt Stirner die antike Welt von der christlichen aufgrund folgenden Kriteriums, das er ausführlich entwickelt: „War der antike Kampf ein Kampf gegen die *Welt*, so ist der mittelalterliche (christliche) ein Kampf gegen *sich*, den Geist, jenes gegen die Außenwelt, dieses gegen die innerliche Welt ... Alle Weisheit der Alten ist *Weltweisheit*, alle Weisheit der Neuen ist *Gottesgelahrtheit*."[119]

---

116 Brief von Max Horkheimer an Fritz Brupbacher, 17.4.1940 (Schweizerisches Sozialarchiv, Zürich).

117 Adorno, Theodor W./Horkheimer, Max: *Dialektik der Aufklärung*, Amsterdam 1947, 11.

118 Marcuse, Herbert: „Repressive Toleranz", in: *Kritik der reinen Toleranz*, hrsg. v. R.P. Wolff u.a., Frankfurt/M. 1966, 91–128.

119 EE 102f.

Sich selbst kann Stirner, anders als die von ihm kritisierten Aufklärer, nicht mehr in die christliche Epoche einordnen; er läßt für sich eine neue beginnen und nimmt hin, daß er das für andere nicht tun kann. Um den Ort in der Philosophiegeschichte zu bezeichnen, auf dem sich Stirner selbst sah, ist auf den folgenden vier Seiten ein mit Zitaten kommentiertes Schema dargestellt. Dieses Schema enthält notwendigerweise grobe Vereinfachungen, die aber des heuristischen Nutzens wegen in Kauf genommen werden.

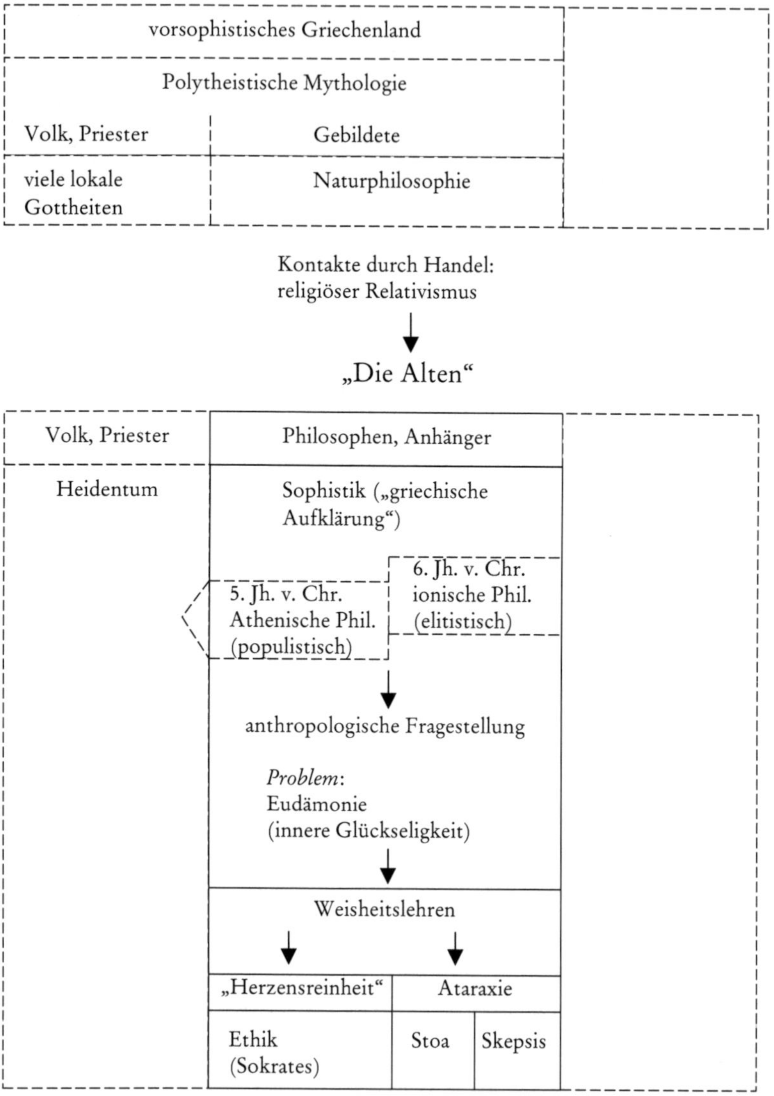
vorsophistisches Griechenland
Polytheistische Mythologie
Volk, Priester
Gebildete
viele lokale Gottheiten
Naturphilosophie
Kontakte durch Handel: religiöser Relativismus
„Die Alten“
Volk, Priester
Philosophen, Anhänger
Heidentum
Sophistik („griechische Aufklärung“)
6. Jh. v. Chr. ionische Phil. (elitistisch)
5. Jh. v. Chr. Athenische Phil. (populistisch)
anthropologische Fragestellung
Problem: Eudämonie (innere Glückseligkeit)
Weisheitslehren
„Herzensreinheit“
Ataraxie
Ethik (Sokrates)
Stoa
Skepsis

Allerdings mußte das Prinzip der Sophistik dahin führen, daß der unselbständigste und blindeste Sklave seiner Begierden doch ein trefflicher Sophist sein und mit Verstandesschärfe alles zu Gunsten seines rohen Herzens auslegen und zustutzen konnte.

Darum sagt Sokrates, es genüge nicht, daß man in allen Dingen seinen Verstand gebrauche, sondern es komme darauf an, für welche *Sache* man ihn anstrenge. Wir würden jetzt sagen: Man müsse der „guten Sache“ dienen. Der guten Sache dienen, heißt aber – sittlich sein. Daher ist Sokrates der Gründer der Ethik ... Darum sagt Sokrates: Ihr müßt „reinen Herzens sein“, wenn man eure Klugheit achten soll.

Die Stoiker wollen den *Weisen* verwirklichen ... sie finden ihn in der Verachtung der Welt, ... im *isolierten Leben* ... Selbst die stoische Haltung und Mannestugend läuft nur darauf hinaus, daß man sich gegen die Welt zu erhalten und zu behaupten habe, und die Ethik der Stoiker ... ist ... nur eine Lehre der Weltabstoßung und Selbstbehauptung gegen die Welt ... Weiter als zu dieser *Lebensweisheit* brachten es auch die Römer nicht (Horaz, Cicero usw.).

Das *Wohlergehen* (Hedone) der Epikureer ist dieselbe Lebensweisheit wie die der Stoiker, nur listiger, betrügerischer.

Vollständig wird der Bruch mit der Welt von den Skeptikern vollführt. Meine ganze Beziehung zur Welt ist „wert- und wahrheitslos“ ... Darum mußte der Mensch erst so völlig rücksichtslos und unbekümmert, so ganz beziehungslos werden, wie ihn die skeptische Bildung darstellt, so ganz gleichgültig gegen die Welt, daß ihn ihr Einsturz selbst nicht rührte, ehe er sich weltlos, d.h. als Geist fühlen konnte ... [F]ür ihn existiert nicht die Welt, nicht natürliche Bande, sondern nur Geistiges und geistige Bande ... Und dies ist das Resultat von der Riesenarbeit der Alten, daß der Mensch sich als beziehungs- und weltloses Wesen, als *Geist* weiß.[120]

120 Alle Zit. EE 18–24.

„Die Neuen“

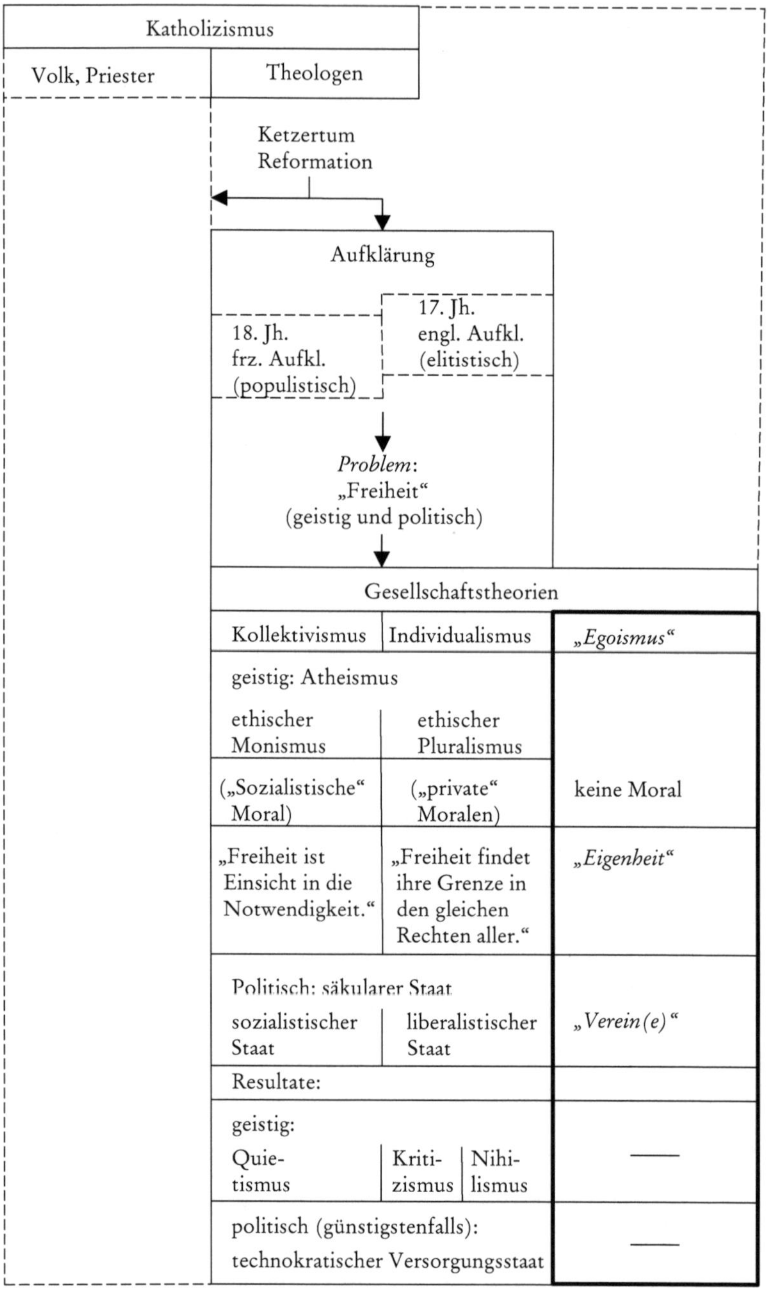
Katholizismus
Volk, Priester
Theologen
Ketzertum
Reformation
Aufklärung
17. Jh.
engl. Aufkl.
(elitistisch)
18. Jh.
frz. Aufkl.
(populistisch)
Problem:
„Freiheit“
(geistig und politisch)
Gesellschaftstheorien
Kollektivismus
Individualismus
„Egoismus“
geistig: Atheismus
ethischer Monismus
ethischer Pluralismus
(„Sozialistische“ Moral)
(„private“ Moralen)
keine Moral
„Freiheit ist Einsicht in die Notwendigkeit.“
„Freiheit findet ihre Grenze in den gleichen Rechten aller.“
„Eigenheit“
Politisch: säkularer Staat
sozialistischer Staat
liberalistischer Staat
„Verein(e)“
Resultate:
geistig:
Quie-tismus
Kriti-zismus
Nihi-lismus
—
politisch (günstigstenfalls):
technokratischer Versorgungsstaat
—

So wird das Altertum mit der *Welt der Dinge*, der Weltordnung, dem Weltganzen fertig; zur Weltordnung oder den Dingen dieser Welt gehört aber nicht etwa nur die Natur, sondern alle Verhältnisse, in welche der Mensch durch die Natur sich gestellt sieht, z.B. die Familie, das Gemeinwesen.

Spät erst erkannten sie [die Alten], daß ihr „wahres Leben" nicht das im Kampf gegen die Dinge geführte, sondern das „geistige", von den Dingen „abgewandte" sei, und als sie dies einsahen, da wurden sie – Christen, d.h. die „Neuen".

Ein ähnlicher Gang, wie das Altertum ihn genommen, läßt sich auch am Christentum nachweisen.[121]

„Kollektivismus" und „Individualismus" sind Reduktionen aus einer Reihe seinerzeit geläufiger Begriffe, die Stirner in den Kapiteln „Die Neuen" und „Die Freien", „die Neueren und Neuesten unter den Neuen",[122] verwendet hat. Diese Kapitel sind in anderer Absicht geschrieben als „Die Alten" und bieten keine Möglichkeit einer gleichartigen Zitatauswahl.

„Nihilismus" wird von Stirner als „Interesselosigkeit" nur am Rande behandelt; er konzentriert sich auf die einflußreichere kritizistische „Philosophie der Tat", die seiner Auffassung nach bloß den alten religiösen Glauben durch einen neuen und die alte politische Despotie durch eine neue ersetzt. Stirner ist, weil er von dem „altfränkischen Gegensatz von Gut und Böse" nur spöttisch sprach und überhaupt jede Moral ablehnte, oft selbst als Nihilist betrachtet worden. Als „Egoist" steht er jedoch in denkbar größtem Gegensatz zu Nihilismus: „Hat Gott, hat die Menschheit, wie Ihr versichert, Gehalt genug in sich, um sich Alles in Allem zu sein, so spüre Ich, daß es *Mir* noch weit weniger daran fehlen wird, und daß Ich über meine ‚Leerheit' keine Klage zu führen haben werde."[123]

Wir stehen an der Grenzscheide einer Periode. Die bisherige Welt sann auf nichts als auf Gewinn des Lebens, sorgte fürs – Leben. Denn ob alle Tätigkeit für das diesseitige oder für das jenseitige, für das zeitliche oder für das ewige Leben in Spannung gesetzt wird, ... das ändert den Zweck der Spannung und Sorge nicht, der im einen wie im andern Falle sich als *das Leben* ausweist ... [W]er sein Leben erst sucht, der hat es nicht ... Von jetzt an lautet die Frage nicht, wie man das Leben erwerben, sondern wie man's vertun, genießen könne.[124]

121 EE 25, 22, 26.
122 EE 106.
123 EE 404, 5.
124 EE 358ff.

Das vorstehende Schema hat, das sei hier nochmals betont, hauptsächlich heuristische Bedeutung für die Lokalisierung Stirners in der europäischen Geistesgeschichte. Die Begründung der Notwendigkeit, ihm einen Sonderplatz gewissermaßen außerhalb eines Schemas zuzugestehen, innerhalb dessen *alle* anderen einschlägigen Lehren ihren Platz haben sollen, wird, abgesehen vom zweiten Teil seiner Biographie, den Rest dieser Arbeit bestimmen.

Teilweise deuten die im Schema gewählten Begriffe bereits an, in welche Richtung Stirners Philosophie zielt. Schlüssel zu ihrem Verständnis ist der zentrale Begriff des „Eigners", der weder eine Variante des Feuerbachschen oder Bauerschen idealen Menschen ist noch aber der reale.

Über den „Eigner" werden in der Stirner-Literatur sehr unterschiedliche Auffassungen vertreten. Ein Grund dafür liegt zweifellos in der Darstellungsweise Stirners, der auch noch vom „Einzigen", „Einzelnen" und „Egoisten" spricht, von „Eigenheit", „Einzigkeit", „Eigentum" und „Egoismus", ohne diesen Begriffen eine konsequent durchgehaltene und klare Bedeutung zu geben. Ein anderer Grund liegt in einigen auffälligen Sentenzen, die die Phantasie der Interpretatoren beflügelt haben. „Ich hab' Mein Sach' auf Nichts gestellt" z.B. ist erster und letzter Satz von Stirners Hauptwerk; „Ich bin ... das schöpferische Nichts, das Nichts, aus welchem Ich selbst als Schöpfer Alles schaffe",[125] ist ein anderes Beispiel für die Art gern zitierter Stirner-Sätze, die eine fehlgeleitete Faszination erregt und den Blick verstellt haben.

Der Hauptgrund für die Schwierigkeiten mit dem „Eigner" liegt jedoch nicht in der vielfältigen Deutbarkeit solcher Sätze, sondern in der Sache. Stirner nämlich läßt keinen Zweifel daran, daß er sich selbst „außerhalb des Schemas" (vgl. oben) sieht. Das ließ ihn unseriös erscheinen, denn nur sehr wenige seiner Rezipienten hielten die Existenz eines solchen Orts für möglich. Einer von ihnen war Karl Marx, der einen sehr aufwendigen Versuch unternahm, den „hohlsten und dürftigsten Schädel unter den Philosophen"[126] von dort zu verdrängen. Später wurde Stirner, der „Schulmeister" ohne akademische Würden, der selbst „die göttliche Macht des Denkens"[127] zu entweihen wagte, zwar von einigen Denkern als eine Art Kuriosum bestaunt, nie aber in der Bedeutung, die er sich selbst gab, erfaßt und ernst genommen.

---

125 EE 5.

126 MEW <u>3</u>, 435.

127 EE 165.

Auch die Tatsache, daß man die Zensurbedingungen, unter denen Stirner schrieb, nie zur Erklärung verwirrender Formulierungen heranzog, spricht dafür, daß die Probleme seiner Rezeption wesentlich in der Sache liegen. Was vielleicht nur Zensoren irreleiten sollte, hätte ja entsprechend interpretiert bzw. ignoriert werden können, wenn das Werk insgesamt als originäre Leistung erkannt worden wäre. Einige der erkenntnishemmenden Faktoren werden, da sie selbst Gegenstand der Stirnerschen Philosophie sind, in der folgenden Darstellung zur Sprache kommen.

Einzigkeit

„‚Unaussprechlich' und ‚unvergleichlich' liebenswürdiger Egoist! Wie Ihre Schrift überhaupt, so ist auch insbesondere Ihr Urteil über mich wahrhaft ‚unvergleichlich' und ‚einzig' ..."[128] In diesem gereizten, krampfhaft ironischen Ton beginnt ein nachgelassenes Entwurfsfragment für ein „offenes Sendschreiben", mit dem Ludwig Feuerbach spontan auf Stirners Buch reagieren wollte. Noch deutlicher als in den vorn erwähnten Reaktionen zeigt sich hier, wie sehr Feuerbach vom *Einzigen* provoziert war.

„Der Einzige erscheint hiernach als ‚das Gespenst aller Gespenster' [Szeliga], als das ‚heilige Individuum, welches man sich aus dem Kopf schlagen müsse' [Feuerbach] und als der blasse ‚Renommist' [Hess]." So faßt Stirner in einer Replik auf seine Rezensenten deren Urteile zusammen und versucht, auf sechs Seiten zu verdeutlichen, was er mit dem „Einzigen" meint: „[D]er Einzige [ist] nur ein Name; er meint also etwas Anderes, als er sagt, wie etwa derjenige, der Dich Ludwig nennt, nicht einen Ludwig überhaupt, sondern *Dich* meint, für den er kein Wort hat ... *Fixiert* man ihn als Begriff ... so muß man eine *Definition* desselben zu geben suchen und wird dadurch notwendig auf etwas Anderes kommen, als auf das *Gemeinte* ... Kannst *Du Dich* aber definieren, bist *Du* ein Begriff? ... Es gibt keine Begriffsentwicklung des Einzigen ... Die Entwicklung des Einzigen ist Deine und Meine Selbstentwicklung, eine *ganz einzige* Entwicklung, da *deine* Entwicklung durchaus nicht *meine* Entwicklung ist. [...] Das Urteil ‚Du bist einzig' heißt nichts anderes als ‚Du bist Du'".[129]

Wesentlich klarer wird dieser „Nicht-Begriff", vor allem seine zentrale Bedeutung für Stirners Philosophie, damit wohl nicht. Marx spottete, mit Bezug auf die Monadenlehre von Leibniz, Stirners „Einzigkeit" sei eine „Qualität, die er mit jeder Laus und jedem Sandkorn teilt"; er wollte in ihr nichts weiter sehen als die „Einsicht jedes Bauernlümmels und Polizeisergeanten, daß Sancho [Stirner] nicht Bruno [Bauer] ist."[130] Man ist fast ge-

[128] Feuerbach 1975, 457.
[129] KS 344, 345f., 349.
[130] MEW 3, 428.

neigt, sich Marx in diesem Punkte anzuschließen und der „Einzigkeit“ nur diese triviale Bedeutung beizumessen. Unverstanden bliebe dann jedoch zweierlei: 1) daß Stirner den „Einzigen“ zur Grundlage seiner Philosophie und zum Titel seines Hauptwerks machte; 2) daß gerade Marx, obwohl vielbeschäftigt und spekulativer Philosophie mittlerweile abhold, auf ein solches Werk mit einer geradezu monströsen Kritik reagierte, die dieses an Umfang noch übertrifft. Es muß deshalb versucht werden, die zentrale Bedeutung der „Einzigkeit“, auf der Stirner insistierte und die seine Gegner offenkundig auch spürten, genauer zu fassen.

An einer Stelle des *Einzigen* drückt sich Stirner so aus: „Ich halte Mich nicht für etwas Besonderes, sondern für *einzig*. Ich habe wohl *Ähnlichkeit* mit Andern; das gilt jedoch nur für die Vergleichung oder Reflexion; in der Tat bin Ich unvergleichlich, einzig.“ Immer wieder führt er seine eigene „Einzigkeit“ und die eines jeden in seiner Polemik gegen „die Christen bis auf Hegel und die Kommunisten“ ins Feld, namentlich auch gegen Fichte, Feuerbach und Bauer, gegen alle also, die ethische Ideale tradieren, modifizieren oder erfinden, z.B. das des „wahren Menschen“: „Ich bin von Haus aus ‚wahrer Mensch‘. Mein erstes Lallen ist das Lebenszeichen eines ‚wahren Menschen‘“.[131] Was sich als „Wissenschaft“ aufspreizt, durchschaut er als kryptotheologischen Humbug: „Daß an dem Begriffe Mensch gemessen, jeder wirkliche Mensch ein Unmensch ist, hat die Religion durch den Satz ausgedrückt, daß alle Menschen ‚Sünder‘ seien (das Sündenbewußtsein) [...] Die Geschichte sucht *den* Menschen: er ist aber Ich, Du, Wir. Gesucht als ein mysteriöses *Wesen*, als das Göttliche, erst als *der Gott*, dann als *der Mensch* (die Menschlichkeit, Humanität und Menschheit), wird er gefunden als der Einzelne, der Endliche, der Einzige.“ Stirner sagt, daß „auch das Menschliche [nur] meine Eigenschaft ist, Ich aber dem Menschen erst durch meine Einzigkeit Existenz gebe [...] Man glaubt, nicht mehr sein zu können, als Mensch. Vielmehr kann man nicht weniger sein!“[132]

Daß es in dieser Kontroverse, die in Stirners Buch breiten Raum einnimmt, sich nicht um einen semantischen Streit über den Begriff Mensch handelt, ist offenkundig. Die Schlüsselfunktion der „Einzigkeit“ tritt klar hervor; doch wie kann man in ihr mehr erkennen als eine Trivialität?

Zwei Formulierungen Stirners führen weiter: 1) „Einzigkeit ... könnte zwar für das neue Gemeinsame oder eine neue Gleichheit angesehen werden, allein die Gleichheit besteht hier eben in der Ungleichheit“. 2) „Etwas hat nun aber Jeder vor dem Andern voraus, nämlich sich selbst oder seine Einzigkeit: darin bleibt Jedermann ausschließlich oder exklusiv.“[133]

Jetzt läßt sich erkennen, daß Stirner die Quintessenz der Einzigkeit am klarsten in dem vielzitierten und einprägsamen Satz gefaßt hat: „Mir

---

131 EE 153, 260, 367.
132 KS 367, EE 271, 147.
133 EE 229, 227.

geht nichts über Mich.“ Dieser Satz, für jeden gültig, ist den vorstehenden paradoxen Formulierungen äquivalent, drückt also dieselbe elementare und triviale Tatsache aus. In unserer Welt von „am Höheren hängenden Menschen“, von „unfreiwilligen Egoisten“, wie Stirner sie auch nennt, wird aber nichts mehr verleugnet als eben diese triviale Tatsache: „Ihr seid Egoisten und Ihr seid es nicht, indem Ihr den Egoismus verleugnet.“[134] Hieraus ergeben sich gewaltige Schwierigkeiten für die sprachliche Darstellung und das Verständnis der Stirnerschen Philosophie. Es sei deshalb zur Klärung der Bedeutung der „Einzigkeit“ erlaubt, Stirners fundamentalen Satz vorgreifend in moderner Terminologie zu formulieren. Am geeignetsten ist die der Psychoanalyse. Während Freud für das Ziel psychoanalytischer Bemühungen die Formel prägte „Wo Es war, soll Ich werden“, kann man, freilich mit einigen Vorbehalten, in gleicher Zuspitzung Stirners Ziel so formulieren: „Wo Über-Ich war, soll Ich werden.“ – „Mir geht nichts über Mich.“

Stirner beschreibt allenthalben die innere Verfassung, das „Sündenbewußtsein“ des bisherigen Menschen: „Ich bin Mir zuwider oder widerwärtig; Mir graut und ekelt vor Mir, Ich bin Mir ein Greuel, oder Ich bin Mir nie genug und tue Mir nie genug. Aus solchen Gefühlen entspringt die Selbstauflösung oder Selbstkritik. Mit der Selbstverleugnung beginnt, mit der vollendeten Kritik schließt die Religiosität [...] Keiner von ihnen setzt seinen Wert in die *Ausschließlichkeit*, sondern [jeder] in die *Verbundenheit* oder in das ‚Band‘, welches ihn mit Andern zusammenschließt“. Diese Ich-Schwäche des bisherigen Menschen ist für Stirner der tiefste Grund für seine Unfähigkeit zu „freiem“ (s. später) gesellschaftlichen Leben: „Nur wenn Ihr [bewußt] einzig seid, könnt Ihr als das, was Ihr seid, miteinander verkehren.“[135]

Stirners Auffassungen über den Verkehr, seine Gegenposition zur Freudschen Ich-Psychologie und seine Vorschläge zur Beseitigung des „Sündenbewußtseins“ kommen später zur Sprache. Hier soll zunächst eine philosophische Konsequenz der „Einzigkeit“ eines jeden gezogen werden.

Aus der Anerkennung der elementaren Tatsache der „Einzigkeit“ folgt, daß ich mein Denken nicht „transzendieren“ kann, daß die Verantwortung dafür nicht entäußerbar ist, „daß jedes Urteil, welches Ich über ein Objekt fälle, das *Geschöpf* meines Willens ist,“ ganz gleich, welche Theorien über die Genese meines „Willens“ ich vertrete. Ich mag von anderen übernehmen, so viel ich will: „Alle Prädikate von den Gegenständen sind meine Aussagen, meine Urteile, meine – Geschöpfe.“ Stirner will diese nicht zu Herren über sich werden lassen: „Wollen sie sich losreißen von Mir, und etwas für sich sein, oder gar Mir imponieren, so habe Ich nichts

134 EE 5, 46, 39, 182.

135 EE 201f., 270, 148.

Eiligeres zu tun, als sie in ihr Nichts, d.h. in Mich, den Schöpfer, zurückzunehmen.“[136]

Stirner sieht, daß das Denken, so grandios es sich auch geben mag, oft apologetischen Charakter hat bzw. im Dienst undurchschauter Zwecke steht. Er hingegen macht es „zu einer Sache des egoistischen Beliebens, einer Sache des Einzigen“; „er läßt die ‚Erlösung der Welt‘ nicht mehr in der Hand der Denkenden und Bedenklichen“, der „Virtuose[n] im Denken“. Und da jeder, der sich irgendwann in seinem Leben denkend vorfindet, sich von fremden Gedanken befreien muß, mag er es mit Stirner halten: „Ein Ruck tut Mir die Dienste des sorglichsten Denkens, ... ein Aufspringen schleudert den Alp der religiösen Welt von der Brust, ein aufjauchzendes Juchhe wirft jahrelange Lasten ab. Aber die ungeheure Bedeutung des gedankenlosen Jauchzens konnte in der langen Nacht des Denkens und des Glaubens nicht erkannt werden.“[137]

Das heißt nicht, daß Stirner die Leistungen der Anderen geringschätzt: „Ich nehme mit Dank auf, was die Jahrhunderte der Bildung Mir erworben haben [...] Wie Ihr durch Eure Tätigkeit unzählige Dinge herstellt, ... so mögt Ihr auch noch zahllose Wahrheiten durch Euer Denken ermitteln, und Wir werden Uns gerne daran erfreuen.“ Aber er stellt selbstverständlich klar: „*Ich* bin das Kriterium der Wahrheit ...“ und deshalb „will Ich auch eure Wahrheiten nur gebrauchen, ohne Mich für ihre Forderungen gebrauchen zu lassen.“[138]

Stirner mag streckenweise wie ein radikaler Skeptiker wirken; aber abgesehen von seiner eindeutigen Absage an die Skepsis wird immer wieder deutlich, daß er sich und seine eigene „dynamische Wahrheit“ nicht in lähmende Zweifel zieht: „Der Wahrheit einen Dienst zu leisten, ist nirgends Meine Absicht; ... sie ist eitel, weil sie ihren Wert nicht *in sich* hat, sondern *in Mir* [...] Die Wahrheit ist Mir gewiß, und Ich brauche sie nicht zu ersehnen.“[139]

Die Suche nach Wahrheit ist das Anliegen der abendländischen Philosophie seit ihren Anfängen. Epiktets Wort, nach dem nicht die Dinge die Menschen verwirren, sondern die Meinungen über die Dinge, bezeichnet prägnant das zentrale Problem, aus vielen subjektiven Meinungen objektive Wahrheit zu schaffen. Konsens als solcher, der ja lange Zeit hindurch in bestimmten Gesellschaften vorhanden war, löste es nicht. Mit der Abspaltung einzelner Wissenschaften von der Philosophie setzte sich langsam ein im großen und ganzen pragmatischer Wahrheitsbegriff, pluralistisch flankiert, durch. Diese Wahrheiten jener Wissenschaften, die dem Ideal der Wertfreiheit zustreben, sind es, die Stirner „gebrauchen“ will bzw. würde.

---

136 EE 378f.

137 EE 166, KS 364, 360, EE 164.

138 EE 374, 399f.

139 EE 398f.

Die anderen „Wahrheiten", gegen deren Forderungen er sich wehrt, sind heute im Idealfall aus den Wissenschaften verbannt; sie existieren allerdings noch immer und werden toleranterweise oft als „Privatsache" betrachtet.

Aufgrund dieser Entwicklung ergeben sich zwei Fragen:

1) Ist Stirner ein früher Befürworter des heute im Westen angestrebten Pluralismus als Grundlage des gesellschaftlichen Lebens? Das klare Nein nur mit seiner extensiven Liberalismus-Kritik und seiner scharfen Polemik gegen Staat und Recht an sich begründen hieße, die realistische Dimension und konstruktive Potenz seiner Kritik übersehen. Ausschlaggebend für Stirner ist, ob die Beteiligten des gesellschaftlichen Lebens wirklich autonome, d.h. sich ihrer Einzigkeit bewußte, Individuen sind oder bloße „Parteiglieder".[140] Nach diesem Kriterium läßt sich ein echter und ein falscher Pluralismus unterscheiden.

2) Ist nach Stirner dem falschen Pluralismus eine Tendenz zum echten inhärent? Seine Antwort führt nicht primär über die üblicherweise gegen den Liberalismus vorgebrachten Argumente; er attackiert zunächst dessen „Lebenslüge": „Wenn sie Euch dennoch Freiheit geben, so sind sie eben Schelme ...; und sie *geben* sie Euch nur, damit Ihr sie nicht nehmet, und die Diebe und Betrüger obenein zur Verantwortung zieht. In ihrer Schlauheit wissen sie es wohl, daß die gegebene (oktroyierte) Freiheit doch keine ist, da nur die Freiheit, die man sich *nimmt,* also die Freiheit des Egoisten, mit vollen Segeln schifft [...] Was nützt den Schafen, daß ihnen Niemand die Redefreiheit verkürzt? Sie bleiben beim Blöken. Gebt einem, der innerlich ein Mohammedaner, ein Jude oder ein Christ ist, die Erlaubnis zu sprechen, was er mag: er wird doch nur borniertes Zeug vorbringen."[141] Zum Christen usw., allgemein: zum „am Höheren hängenden Menschen", aber wird man gemacht. Der falsche Liberalismus ist also auch deshalb falsch, weil er dem Menschen „Freiheitsrechte" erst zugesteht, nachdem er von Anderen, Erziehern, in Ausübung *ihrer* „Freiheitsrechte" in der Regel freiheitsunfähig gemacht worden und damit „erziehungsberechtigt" ist. Stirner hat den Mechanismus der Traditions„vererbung" via Über-Ich erkannt, wenn er schreibt, „daß Unsere ganze Erziehung darauf ausgeht, *Gefühle* in Uns zu erzeugen, d.h. sie Uns einzugeben, statt die Erzeugung derselben Uns zu überlassen, wie sie auch ausfallen mögen ... So mit *eingegebenen Gefühlen* vollgestopft, erscheinen Wir vor den Schranken der Mündigkeit und werden ‚mündig gesprochen' ... Mündig sind die Jungen dann, wenn sie zwitschern wie die Alten; man hetzt sie durch die Schule, damit sie die alte Leier lernen, und haben sie diese inne, so erklärt man sie für mündig."[142]

Der falsche Liberalismus hat also, sofern er nicht als ultima ratio einer unaufgeklärten, sondern als Illusion und optimale Lebensform einer aufge-

---

[140] EE 258–262.

[141] EE 184f.

[142] EE 70f.

klärten Gesellschaft aufgefaßt wird, durchaus „konservative“ Tendenz; sie liegt in dem paradoxen bzw. „perversen“ Sachverhalt, daß man den unbestreitbar wertautonom geborenen Menschen die Wertautonomie zerstört, bevor man sie ihnen als Surrogat mit falschem Etikett feierlich „verleiht“. Ohne bewußt betriebene praktische Bewältigung der darin liegenden Problematik wird man, was Stirner klar sah, den farcenhaften Liberalismus nicht historisch überwinden.

1. Resümee

Stirners Position wurde bereits oben als radikal-aufklärerisch bezeichnet, und zwar, weil er, gegen die kryptoreligiösen sozialistischen ebenso wie gegen die pseudo-areligiösen liberalistischen Strömungen der Aufklärung, an dem Ziel des autonomen Menschen festhält. Diese mehr historische Ortsbestimmung kann jetzt, nach Einführung der „Einzigkeit“, durch eine systematische ergänzt werden.

Die Schwierigkeiten, die die Rezeption Stirners den Philosophen bereitet hat, wurden bereits einleitend knapp skizziert. Von den relativ wenigen, die sich überhaupt auf ihn eingelassen haben, verhehlten zwar einige ihre ambivalente Bewunderung für Stirner nicht; eine seriöse Beschäftigung mit ihm zogen aber auch sie nicht in Betracht. Entweder wurde er routiniert mit Etiketten versehen („Solipsist“, „Nihilist“, „Existentialist“) und ad acta gelegt; oder man sprach eher ratlos von seiner „Un-Philosophie“, „Nicht-Philosophie“ oder gar „Gammlerphilosophie“.[143] Tatsächlich wird man Stirner, wie schon bei der historischen Ortsbestimmung, auch bei der systematischen einen Sonderplatz zuweisen müssen.

Operationsbasis des Stirnerschen Denkens ist die Tatsache der „Einzigkeit“ und ihre ubiquitäre Verleugnung: „Ihr seid Egoisten und Ihr seid es nicht, indem Ihr den Egoismus verleugnet.“[144] Detailliertere Ausführungen dazu sind Gegenstand des nächsten Abschnitts.

Aus der konsequent gedachten „Einzigkeit“ ergibt sich, allein angesichts der vielen konkurrierenden „Wahrheiten“, für Stirner unmittelbar sowohl ein pragmatischer Wahrheitsbegriff als auch die unveräußerliche Wertautonomie jedes „Einzigen“. Stirner, dem allenthalben u.a. auch „Irrationalismus“ unterstellt wird, begibt sich damit zunächst einmal auf einen Standpunkt, von dem allgemein gilt, er sei erst in unserem Jahrhundert mühsam errungen worden, auf den des „logischen Empirismus“ bzw. verwandter Philosophien. Eine klare Darstellung dieser „wissenschaftlichen

143 Wildermuth 1970, 502.
144 EE 182.

Philosophie" gibt Hans Reichenbach:[145] Prinzipien wie Geringschätzung der spekulativen Philosophie, Trennung von Wissenschaft und Ethik, Betrachtung von Moral und Recht als Machtfragen, genau sie hat Stirner schon hundert Jahre zuvor vertreten. Doch im Gegensatz zu den modernen Philosophen begnügte er sich nicht mit der Scheidung von Erkenntnis- und Wertproblem.

Sofern letzteres nicht, wie bei Reichenbach, dem „demokratischen Kräftespiel" überantwortet werden soll, hat man es, von den Anfängen der Aufklärung bis zur heutigen Normendiskussion, meist nur so aufgefaßt, als läge das Problem in der Einigung auf eine „vernünftige" Universalethik. Jeder kritische Beobachter, aber auch die moderne Sozialpsychologie weiß jedoch, daß schon der Hinweis auf die „eigenartige Natur von Selbstverständlichkeiten [Grundanschauungen einer Gemeinschaft] eine überaus heikle Angelegenheit" ist und die Wissenschaft sich da „an überaus gefährliche Gegenstände heranwagt".[146] Genau das weiß auch Stirner, wenn er die ubiquitäre Verleugnung der Einzigkeit, die Unterwerfung unter etwas Höheres, Heiliges, feststellt und das Grundmotiv dafür aufdeckt: „Du aber, der Du von diesem Heiligen Dich erfüllen und leiten lässest, wirst selbst geheiligt."[147]

Stirner benennt als Grundmechanismus des inneren Zusammenhalts bisheriger Gesellschaften die Ich-Schwäche des Einzelnen, die durch die Zugehörigkeit zu einer Gemeinschaft, deren „Heiliges" er mit den anderen verehrt, kompensiert wird. Die Formen des „Heiligen" sind äußerst vielfältig: „Die Eiferer für etwas Heiliges sehen einander oft gar wenig ähnlich. Wie differieren die strengen Orthodoxen ... von den ... Aufgeklärten usw. Und doch, wie gar nichts Wesentliches enthält die Differenz ... [D]ie Strenggläubigen sind unnachsichtig, die helleren Köpfe sind toleranter. Aber wer die Sittlichkeit selbst angreift, der bekommt's mit beiden zu tun."[148] Stirner zielt auf die Ursachen des „Bedürfnisses" nach Unterwerfung.

„Ihr seid autonom und Ihr seid's nicht, weil Ihr Euch einem fremden Wertsystem unterworfen habt", so ließe sich in Anlehnung an Stirners Satz über den „Egoismus" sagen. „Fremdheit ist ein Kennzeichen des ‚Heiligen'." Das „Heilige", „Fremde", „Höhere" aber wird von den Menschen gerade als „sinngebend" u.ä. verehrt, gar unter Einsatz des Lebens verteidigt; es „läßt sich keineswegs so leicht beseitigen, als gegenwärtig Manche behaupten, die dies ‚ungehörige' Wort nicht mehr in den Mund nehmen."[149]

145 Reichenbach, Hans: *Der Aufstieg der wissenschaftlichen Philosophie*, Braunschweig 1968, 309–338.
146 Hofstätter, Peter R.: *Einführung in die Sozialpsychologie*, Stuttgart ^{5}1973, 59.
147 EE 38.
148 EE 49f.
149 EE 40, 38.

Stirner würde das „Heilige" freilich gern beseitigt sehen. Gerade aber, weil seine Kritik auf einem psychologischen Scharfblick für die Verankerung des „Heiligen" im Einzelnen beruht, verfällt er nicht in eine bloß psychologisch vertiefte Aufklärung. Er negiert das „Heilige", „Fremde", ohne das Neue, „Eigene", positiv zu fixieren. Obwohl er die Philosophie als unzuständig für das Wertproblem erkennt, gibt es bei ihm keine Ansätze dafür, daß er es einer zukünftigen empirischen Psychologie überantwortet sehen möchte – als hätte er das Fiasko der späteren Ich-Psychologien geahnt, deren fundamentales Dogma Anpassung des Neugeborenen an die zufälligen gesellschaftlichen Strukturen war und ist.

Stirner lenkt die Aufmerksamkeit vielmehr dorthin, wo nach seiner Auffassung die Autonomie jedes Einzigen zerstört und Heiliges verankert wird, auf die sog. Sozialisation: „Der moralische Einfluß nimmt da seinen Anfang, wo die *Demütigung* beginnt, ja er ist nichts anderes als diese Demütigung selbst, die Brechung und Beugung des Mutes zur *Demut* herab."[150] Stirner sieht, im Gegensatz zur („Schwarzen"[151]) Pädagogik der Aufklärer, nur in weitgehender Erziehungsabstinenz der Erzogenen die wichtigste Chance zum Austritt aus dem „christlichen Zeitalter". Den üblichen Einwänden erwidert er: „Gemach, Ihr Unheilspropheten. Nichtsnutzige in Eurem Sinne werden sie [die Kinder] allerdings werden; aber Euer Sinn ist eben ein sehr nichtsnutziger Sinn. Die frechen Buben werden sich von Euch nichts mehr einschwatzen und vorgreinen lassen und kein Mitgefühl für all die Torheiten haben, für welche Ihr seit Menschengedenken schwärmt und faselt: sie ... werden Eure Dummheiten nicht *erben* wollen, wie Ihr sie von den Vätern geerbt habt; sie vertilgen die *Erbsünde*."[152]

Damit verdeutlicht sich Stirners Position als radikaler Aufklärer: Die autonomen Individuen von morgen sind nicht positiv zu konzipieren; sie sind auch nicht Nebenprodukte institutioneller Veränderungen: „Die Revolution zielte auf neue *Einrichtungen* [...] Eine Revolution führt gewiß das Ende [des christlichen Zeitalters] nicht herbei, wenn nicht vorher eine Empörung [s. später] vollbracht ist!"[153] Autonome Individuen entstehen in historischer Evolution in dem Maße, in dem es gelingt zu vermeiden, daß die Autonomie der Nachkommen im Sozialisationsprozeß zerstört wird.

Nach diesem Abriß der Stirnerschen Philosophie, der in den folgenden Kapiteln gefüllt und erläutert wird, ist es möglich, sie ihrem wesentlichen Gehalt nach zu charakterisieren. Stirner, der sich selbst nicht als Philosoph betrachtete, macht im Grunde *nur eine*, allerdings fundamentale, *empirische* Aussage, deren Wahrheit er in seinem Buch nachweisen will: Die „volljäh-

---

150 EE 88.

151 Rutschky, Katharina (Hg.): *Schwarze Pädagogik. Quellen zur Naturgeschichte der bürgerlichen Erziehung*, Frankfurt/M. 1977.

152 EE 89.

153 EE 354, 356.

rigen" Menschen aller bisherigen Gesellschaften haben, jeder für sich, die elementarste Bewußtseinstatsache ihrer Existenz, ihre „Einzigkeit", verleugnet (Erbsünde, Sündenbewußtsein, Schuldgefühl, Ich-Ideal usw.) und sich etwas „Höherem", d.h. nicht nur sozialtechnischen Regeln, unterworfen.

Stirner zieht daraus folgenden Schluß: Ohne Brechung dieser Kontinuität, die im wesentlichen dem Abbau des Freudschen Über-Ichs gleichkäme, ist eine qualitative Neugestaltung der menschlichen Gesellschaft, wie sie seit der Aufklärung oft konzipiert wurde, nicht realisierbar. Stirner hält also die Entstehung des Über-Ichs nicht, wie Freud und andere, für eine biologische Notwendigkeit; er meint auch nicht, es genüge, seinen Inhalt „zum Guten" zu manipulieren; es selbst müsse vielmehr historisch untergehen. Die „neue Geschichte" müsse bewußt mit der Tradition brechen; sie könne nicht geplant, sondern müsse von denen gestaltet werden, deren Erzieher den Erziehungszwang, der von ihrem eigenen Über-Ich ausgeht, erkannt und so weit gezügelt haben, daß sie die jahrtausendealte Kontinuität der Ich-Verstümmelung an den Nachkommen durchbrechen konnten.

Sofern Stirner sich mit Philosophie, d.h. Philosophiengeschichte, befaßt, tut er dies nur auf metaphilosophische und kritische Weise. Wie die „wissenschaftliche Philosophie" (Reichenbach) läßt er von ihr nur „Brauchbares" bestehen und destruiert sie damit (vgl. a. seinen Artikel *Kunst und Religion*). Von den vielen Autoren des 19. Jahrhunderts, von Goethe und Hegel bis Nietzsche, die eine „neue Geschichte" kommen sehen, sieht Stirner zweifellos am deutlichsten die quasi symbiotische Einheit von „gut und böse", „Moral und Sünde" usw. der alten Kultur, die nur gemeinsam zugrundegehen können. Und er hätte der alten Kultur wohl auch am wenigsten von allen nachgetrauert. Allein das Überleben ihres Stiefkinds, Mathematik und Naturwissenschaften, scheint er für wünschenswert gehalten zu haben.[154] So wenig Stirner sich als „Nihilist" sah, so wenig sah er sich als „Destruktor", es sei denn als – Destruktor des Destruktiven.

Egoismus

„Mehr Ärgernis noch als an dem Einzigen nehmen die Rezensenten an dem ‚Egoisten'", schreibt Stirner in seiner Replik und bemerkt, er habe „durch das Wort Egoist ... sich die schlimmsten Urteile zugezogen oder die hartnäckigsten Vorurteile rege gemacht." Trotzdem sei ihm das lieber, als „wenn man ihn in entgegengesetzter, nämlich in sentimentaler Weise mißverstanden und in die Reihe derer gestellt hätte, welche für den ‚wahren Menschen' ihre Stimme erheben." Seinen drei Rezensenten, die, wie auch

[154] Vgl. EE 40, KS 406.

die meisten Autoren nach ihnen, „höchst populäre Charakteristiken des Egoismus“ polemisch gegen ihn zu nutzen wußten, hält er die Frage entgegen, warum er wohl „nicht selbst dergleichen einfache Reflexionen anstellte und sich durch die Betrachtung, wie einfältig, wie gemein und wie raubmörderisch der Egoismus sei, bestimmen ließ, dem häßlichen Ungetüm abzusagen.“[155]

Ausdrücklich betont Stirner des weiteren, daß „Egoist“ in dem von ihm gemeinten Sinn keineswegs jemand sei, der „nur an sich denkt“: „Wenn Du in das Auge Deines Freundes blickst oder über eine Freude sinnst, welche Du ihm bereiten möchtest, wenn Du zu den Sternen aufschaust, ihrem Gesetz nachgrübelst oder auch Grüße ihnen zusendest, die sie in ein einsames Stübchen tragen, wenn Du mikroskopisch Dich in das Treiben der Infusionstierchen verlierst, wenn Du einem Menschen in Feuers- oder Wassersnot, ohne der eigenen Gefahr zu denken, zu Hilfe eilst: so ‚denkst‘ Du gewiß nicht an Dich, so ‚vergissest‘ Du Dich ... Nicht in diesem Selbstvergessen, sondern in dem Vergessen dessen, daß die Welt *unsere* Welt ist, hat die Uneigennützigkeit, d.h. der düpierte Egoismus, ihren Grund. Vor einer absoluten, einer ‚höheren‘ Welt wirfst Du Dich nieder und wirfst Dich weg ... Unsere Welt und die heilige Welt – darin liegt der Unterschied des aufrichtigen und des selbstverleugnenden, uneingeständigen, incognito kriechenden Egoismus.“ Und er fügt hinzu: „Wir leben nicht in einer egoistischen, sondern in einer bis auf den geringen Eigentumslappen herunter durchaus heiligen Welt.“[156]

Erst in dieser Replik begründet Stirner auch die Wahl des Terminus „Egoismus“ explizit mit der Tatsache, daß jedes Ich unweigerlich „Mittelpunkt *seiner* Welt“ ist. Die Entscheidung, den zwar passenden, bezeichnenderweise aber stark negativ besetzten Begriff „Egoismus“ mit neuer Bedeutung zu versehen, traf Stirner offenbar wohlüberlegt: „Was die Religion den ‚Sünder‘ nennt, das nennt die Humanität den ‚Egoisten‘.“ Noch 1842, zwei Jahre vor dem *Einzigen*, hatte er selbst das Wort „Egoismus“ im üblichen, negativen Sinn gebraucht und vorgeschlagen: „Will man diejenigen, welche diesem Prinzipe [der Erziehung] folgen, wieder -isten nennen, so nenne man sie meinetwegen *Personalisten*“,[157] ein Begriff, den er selbst danach jedoch nicht wieder verwendet.

Nachdem vorn die Bedeutung der „Einzigkeit“ dargelegt wurde, bereitet die Erklärung des Stirnerschen „Egoismus“ kaum Schwierigkeiten. „Egoismus“ entspricht bei Stirner der „Einzigkeit“ in einem eingeschränkten Sinn: während sich diese auf Erkennen *und* Werten bezieht, betrifft jener nur das Werten. Sofern also das Erkenntnisproblem durch eine pragmatische Wahrheitsauffassung separiert ist, geht „Einzigkeit“ in „Egois-

---

155 KS 351, 366, 353.

156 KS 354f., 363.

157 KS 354, EE 404, KS 215, 257.

mus“ über. Der Begriff „Egoismus“ hat demnach die wesentlichen semantischen Merkmale mit dem Begriff „Einzigkeit“ gemein; „Egoist“ im trivialen Sinn ist jeder; „bewußter Egoist“ ist (noch) fast keiner; „selbstverleugnender Egoist“ ist fast jeder.

Allerdings gebraucht Stirner diese Begriffe nicht durchgehend in konsequenter Weise und führt noch einige weitere für Formen des „selbstverleugnenden Egoismus“ ein. Nicht selten muß der Leser raten, in welchem Sinn er „Egoismus“ gerade verwendet. Schon die oben zitierte Gleichsetzung des „Sünders“ mit dem „Egoisten“ birgt eine Doppeldeutigkeit, denn „die Humanität“ verurteilt sowohl den „bewußten Egoismus“ als auch den Egoismus „im gewöhnlichen Verstande“,[158] die Stirner zwar keineswegs gleichsetzt, aber auch nicht immer begrifflich klar scheidet. Hinzu kommt, daß er – nicht falsch, der Klarheit jedoch abträglich – anstelle von „Egoist“ auch „Einziger“ schreibt und überdies noch den Begriff des „Eigners“ verwendet, der hier später eingeführt wird.

Vor allem an Stellen, wo Stirner die „selbstverleugnenden Egoisten“ mobilisieren und zum „bewußten Egoismus“ ermutigen will, stiftet sein Wortgebrauch Verwirrung. So schreibt er gleich zu Beginn seines Buches: „Gott ... dient keinem Höheren und befriedigt nur sich. Seine Sache ist eine – rein egoistische Sache.“ Das gleiche gelte für „‚die Menschheit‘, ‚das Volk‘, ‚die Wahrheit‘“ usw., ebenso für „‚den Sultan‘, für Nero, Napoleon“ usw. „Und an diesen glänzenden Beispielen“, fragt Stirner dann, „wollt Ihr nicht lernen, daß der Egoist am besten fährt? Ich Meinesteils nehme Mir eine Lehre daran und will, statt jenen großen Egoisten ferner uneigennützig zu dienen, lieber selber der Egoist sein.“[159]

Diese Beispiele sind weniger „glänzend“ als verwirrend, zumal im einleitenden Abschnitt. Die in der ersten Gruppe genannten „Egoisten“ bezeichnet er später allgemein als „fixe Ideen“ („Ja, die ‚fixe Idee‘, das ist das wahrhaft Heilige!“) der „selbstverleugnenden Egoisten“. Die zur zweiten Gruppe gehörigen Personen sind allenfalls „Egoisten im gewöhnlichen Verstande“, im eigentlich Stirnerschen Sinn aber bloße Produkte des „selbstverleugnenden Egoismus“: „Wer, um zu bestehen, auf die Willenlosigkeit Anderer rechnen muß, der ist ein Machwerk dieser Anderen, wie der Herr ein Machwerk des Dieners ist. Hörte die Unterwürfigkeit auf, so wär’s um die Herrschaft geschehen.“[160]

Gerade Stirners Einsichten in die massenpsychologischen Grundlagen der bisherigen Gesellschaftsformen, „die seit Jahrtausenden den Egoisten an den Schandpfahl gebunden“ haben, wurden selten akzeptiert, am wenigsten freilich von den Sozialisten. Erster sozialistischer Kritiker Stirners war Moses Hess, der, so Stirner, „von dem *mit sich einigen* Egoisten nichts

158 EE 81.
159 EE 4f.
160 EE 47, 214.

weiter versteht, als was Marx über den Krämer und die allgemeinen Menschenrechte (z.B. in den Deutsch-Französischen Jahrbüchern) früher ausgesprochen hat".[161] Marx selbst, der zunächst „den Einzigen ganz von demselben Gesichtspunkte aus"[162] wie Hess sieht, schreibt bald darauf, Hess in jeder Hinsicht überbietend, sein Riesenmanuskript *St. Max*. Darin sieht er, im Namen des „Kommunismus", den „Egoismus ebenso wie die Aufopferung [als] eine unter bestimmten Verhältnissen notwendige Form der Durchsetzung der Individuen", der mit seiner „materiellen Geburtsstätte ... von selbst verschwindet."[163] Als sein Ideal nennt er die „Aufhebung" des Gegensatzes von persönlichen und gemeinschaftlichen Interessen, was Stirner jedoch schon zuvor als Phrase im Sinne Hegels erkannt hatte: „[S]o laut er [der Kommunismus] immer auch den ‚Staat' angreife, was er beabsichtigt, ist selber wieder ein Staat, ... eine Oberherrlichkeit gegen Mich. Gegen den Druck, welchen Ich von den einzelnen Eigentümern erfahre, lehnt sich der Kommunismus mit Recht auf; aber grauenvoller noch ist die Gewalt, die er der Gesamtheit einhändigt."[164] Die Kritik von Marx, der Stirners Egoismus-Konzept wegen dessen „Illusionen über die wirklichen Verhältnisse der wirklichen Menschen"[165] für unsinnig hält, ist bis heute die aufwendigste geblieben; gescheitert ist sie an der Verkennung eben dieses Egoismus-Konzeptes.

Stirners terminologische und formale Unzulänglichkeiten, insbesondere bei seinen zentralen Begriffen, sind zwar von seinen Gegnern als bequeme Angriffspunkte genutzt worden; eine Klärung ist aber bis heute trotz einiger Versuche nicht gelungen. Ein längerer Zitatenblock zum Thema „Egoismus" soll einen Eindruck von den Schwierigkeiten vermitteln.

> Jahrtausende der Kultur haben Euch verdunkelt, was Ihr seid, haben Euch glauben gemacht, Ihr seiet keine Egoisten, sondern zu Idealisten („guten Menschen") *berufen*. Schüttelt das ab! Suchet nicht die Freiheit, die Euch gerade um Euch selbst bringt, in der „Selbstverleugnung", sondern suchet *Euch selbst*, werdet Egoisten, werde jeder von Euch ein *allmächtiges Ich*. Oder deutlicher: Erkennet Euch nur wieder, erkennet nur, was Ihr wirklich seid, und laßt Eure heuchlerischen Bestrebungen fahren, Eure törichte Sucht, etwas Anderes zu sein, als Ihr seid. Heuchlerisch nenne ich jene, weil Ihr doch alle diese Jahrtausende Egoisten geblieben seid, aber schlafende, sich selbst betrügende, verrückte Egoisten, Ihr Heautontimorumenen, Ihr Selbstpeiniger.[166]

---

161 KS 363, 389.
162 MEW 27, 14.
163 MEW 3, 229.
164 EE 286.
165 MEW 3, 230.
166 EE 181.

> Um weswillen bekümmert Ihr Euch um Gottes und die andern Gebote? Ihr meint doch nicht, daß dies bloß aus Gefälligkeit gegen Gott geschehe? Nein, Ihr tut's wieder – *um Euretwillen*. – Also auch hier seid *Ihr* die Hauptsache und Jeder muß sich sagen: *Ich* bin Mir Alles und ich tue Alles *Meinethalben*. Würde Euch jemals klar, daß Euch der Gott, die Gebote usw. nur schaden, daß sie *Euch* verkürzen und verderben: gewiß, Ihr würfet sie von Euch.[167]

> Noch niemals hat eine Religion der Versprechungen und „Verheißungen" entraten können, mögen sie aufs Jenseits oder Diesseits verweisen („langes Leben" usw.); denn *lohnsüchtig* ist der Mensch, und „umsonst" tut er nichts. Aber jenes „das Gute um des Guten willen tun" ohne Aussicht auf Belohnung? Als ob nicht auch hier in der Befriedigung, die es gewähren soll, der Lohn enthalten wäre. Also auch die Religion ist auf unsern Egoismus begründet und sie – beutet ihn aus; berechnet auf unsere *Begierden*, erstickt sie viele andere um Einer willen. Dies gibt denn die Erscheinung des *betrogenen* Egoismus, wo Ich nicht Mich befriedige, sondern eine meiner Begierden, z.B. den Glückseligkeitstrieb. Die Religion verspricht Mir das – „höchste Gut"; dies zu gewinnen achte Ich auf keine andere meiner Begierden mehr und sättige sie nicht. – All euer Tun und Treiben ist *uneingestandener*, heimlicher, verdeckter und versteckter Egoismus. Aber weil Egoismus, den Ihr Euch nicht gestehen wollt, den Ihr Euch selbst verheimlicht, also nicht offenbarer und offenkundiger, mithin unbewußter Egoismus, darum ist er *nicht Egoismus*, sondern Knechtschaft, Dienst, Selbstverleugnung. Ihr seid Egoisten und Ihr seid es nicht, indem Ihr den Egoismus verleugnet. Wo Ihr's am meisten zu sein scheint, da habt Ihr dem Worte „Egoist" – Abscheu und Verachtung zugezogen.[168]

Die Distanzierung vom „Egoismus im gewöhnlichen Verstande" versucht Stirner an verschiedenen Stellen:

> Muß ein Mensch, den die Leidenschaft der Habgier beherrscht, nicht den Geboten dieser *Herrin* folgen, und wenn ihn einmal eine schwache Gutmütigkeit beschleicht, erscheint dies nicht eben nur als ein Ausnahmsfall gerade derselben Art, wie fromme Gläubige zuweilen von der Leitung ihres Herrn verlassen und von den Künsten des „Teufels" berückt werden? Also ein Habgieriger ist ... ein Knecht, und er kann nichts um seinetwillen tun, ohne es zugleich um seines Herrn willen zu tun, – gerade wie der Gottesfürchtige.[169]

> Der Mammon der Erde und der *Gott* des Himmels fordern beide genau denselben Grad der – Selbstverleugnung. Der Niedrige wie der Erhabene langen nach einem „Gute", jener nach dem materiellen, dieser nach dem ideellen, dem sogenannten „höchsten Gute", und beide ergänzen zuletzt auch einander wieder, indem der „materiell Gesinnte" einem ideellen

---

167 EE 179.

168 EE 181f.

169 EE 335.

> Schemen Alles opfert, seiner *Eitelkeit*, der „geistlich Gesinnte" einem materiellen Genusse, dem *Wohlleben* [...] So ist die *Selbstverleugnung* den Heiligen gemein mit den Unheiligen, den Reinen und Unreinen.[170]

Nachdem hier das semantische Problem des Stirnerschen Egoismusbegriffs bereits erörtert wurde, ist das Verständnis dieser Textprobe erheblich erleichtert. Sie gibt zudem eine indirekte Antwort auf die Frage nach empirischen Belegen für Stirners Behauptung, die Menschen seien „Jahrtausende der Kultur" hindurch „selbstverleugnende Egoisten" gewesen.

Stirner sieht, wie schon angesprochen, in den bisherigen Sozialisationspraktiken die „Ätiologie" des „selbstverleugnenden Egoismus"; außerdem befaßt er sich, auch darin ohne „wissenschaftlichen" Anspruch, mit dessen „Nosologie" bzw. „Pathologie". Ein Beispiel:

> Wohin könnte man blicken, ohne Opfern der Selbstverleugnung zu begegnen? Da sitzt Mir gegenüber ein Mädchen, das vielleicht schon seit zehn Jahren seiner Seele blutige Opfer bringt. Über der üppigen Gestalt neigt sich ein todmüdes Haupt, und bleiche Wangen verraten die langsame Verblutung ihrer Jugend. Armes Kind, wie oft mögen die Leidenschaften an Dein Herz geschlagen, und die reichen Jugendkräfte ihr Recht gefordert haben! Wenn Dein Haupt sich in die weichen Kissen wühlte, wie zuckte die erwachende Natur durch Deine Glieder, spannte das Blut Deine Adern, und gossen feurige Phantasien den Glanz der Wollust in Deine Augen. Da erschien das Gespenst der Seele und ihrer Seligkeit. Du erschrakst, Deine Hände falteten sich, Dein gequältes Auge richtete den Blick nach oben, Du – betetest. Die Stürme der Natur verstummten, Meeresstille glitt hin über den Ozean Deiner Begierden. Langsam senkten sich die matten Augenlider über das unter ihnen erloschene Leben, aus den strotzenden Gliedern schlich unvermerkt die Spannung, in dem Herzen versiegten die lärmenden Wogen, die gefalteten Hände selbst lasteten entkräftet auf dem widerstandslosen Busen, ein leises, letztes Ach stöhnte noch nach, und – die *Seele war ruhig*. Du entschliefst, um am Morgen zu neuem Kampfe zu erwachen und zu neuem – Gebete. Jetzt kühlt die Gewohnheit der Entsagung die Hitze Deines Verlangens und die Rosen Deiner Jugend erblassen in der – Bleichsucht Deiner Seligkeit. Die Seele ist gerettet, der Leib mag verderben! O Lais, o Ninon, wie tatet Ihr wohl, diese bleiche Tugend zu verschmähen. Eine freie Grisette gegen tausend in der Tugend grau gewordene Jungfern![171]

Häufiger zieht Stirner seine Schlüsse aus der empirischen Menschheitsgeschichte, in der er wesentlich eine „Geschichte der Aufopferungen"[172] sieht: „Man lebt in Sehnsucht und hat Jahrtausende in ihr, hat in Hoffnung gelebt ... Trifft dies etwa nur die sogenannten Frommen? Nein, es trifft Alle, die der scheidenden Geschichtsperiode angehören, selbst ihre Lebemän-

---

170 EE 64. Vgl. a. nächstes Kapitel.
171 EE 66f.
172 EE 198.

ner"; ebenso, meint Stirner, „würde man doch weit fehlgreifen, wollte man die Aufgeklärtesten und Erleuchtetsten für minder aufopfernd halten." Auch sie haben den Bannkreis der Vergangenheit nicht verlassen: „Nur die Rohheit des Menschenopfers hat sich mit der Zeit verloren; das Menschenopfer selbst ist unverkürzt geblieben ... für ‚das menschliche Wesen', die ‚Idee der Menschheit', die ‚Menschlichkeit' und wie die Götzen und Götter sonst noch heißen."[173]

„Ihr Heautontimorumenen, Ihr Selbstpeiniger!" Mit dieser Charakterisierung des bisherigen Menschen drückt Stirner am pointiertesten aus, worum es ihm primär geht: um das Problem des ubiquitären Masochismus, das knapp ein Jahrhundert später, dann aber auf der empirischen Basis einer Fülle klinischer Fakten, Sigmund Freud zur Annahme des „Todestriebs" veranlassen wird. Stirner zielte also auf das zentrale Problem der „conditio humana", und es ist erstaunlich, wie präzise er traf.

Das Heilige

Der Gegenbegriff zum wahren, bewußten Egoisten, von Stirner meist kurz „Egoist" genannt, ist, wie dargelegt, der selbstverleugnende Egoist, der „Besessene". Unter diese Kategorie fallen laut Stirner alle damaligen Menschen, von Ausnahmen freilich abgesehen, aufgrund ihrer nichtegoistischen Objektbeziehungen: „Das Objekt macht Uns in seiner heiligen Gestalt ebenso zu Besessenen, wie in seiner unheiligen, als übersinnliches Objekt ebenso, wie als sinnliches. Auf beide bezieht sich die Begierde oder Sucht, und auf gleicher Stufe stehen Geldgier und Sehnsucht nach dem Himmel." Die begriffliche Trennung ist freilich aus einer Realität abstrahiert, in der „die Meisten ... halb pfäffisch oder religiös und halb weltlich sich betragen, Gott und dem Mammon dienen." Das „unheilige Interesse" ist somit Komplement des „heiligen"; beider Gegensatz ist das „egoistische", von dem man per definitionem nicht besessen sein kann, das man vielmehr als Eigentümer besitzt: „Ein Interesse, es sei wofür es wolle, hat an Mir, wenn ich nicht davon loskommen kann, einen Sklaven erbeutet und ist nicht mehr mein Eigentum, sondern Ich das seine."[174]

Stirner gesellt sich jedoch nicht zu den „Eiferern gegen Habgier und Frömmigkeit"; seine Attacken gelten vielmehr in erster Linie eben diesen, d.h. dem sich aufgeklärt dünkenden „‚Sittliche[n]' ..., der heutigen Tages häufig mit Gott fertig zu sein meint, und das Christentum als eine Verlebtheit abwirft. [...] Die eigentliche Gottesfurcht hat längst eine Erschütterung erlitten, und ein mehr oder weniger bewußter ‚Atheismus', äußerlich

173 EE 360f.
174 EE 379, 86, 157.

an einer weit verbreiteten ‚Unkirchlichkeit' erkennbar, ist unwillkürlich Ton geworden. Allein, was dem Gott genommen wurde, ist dem Menschen zugesetzt worden ...: ‚der Mensch' ist der heutige Gott." Die Sittlichen hätten zwar seit einem Jahrhundert gegen die Frömmigkeit gekämpft, aber nur, „um das höchste Wesen anzufechten zu Gunsten eines – anderen höchstens Wesens". Stirner betont deshalb, „daß die Religion noch bei weitem nicht in ihrem Innersten verletzt wird, solange man ihr nur ihr übermenschliches Wesen zum Vorwurf macht", und konstatiert „ihre endliche Eintracht mit der Sittlichkeit [...] So eifern denn die religiösen Glaubenshelden für den ‚heiligen Gott', die sittlichen für das ‚heilige Gute' [...] Der sittliche Glaube ist so fanatisch als der religiöse!"[175]

Stirner kämpft also generell gegen „den uralten Wahn der Welt, die des Pfaffentums noch nicht entraten gelernt hat. *Für eine Idee* leben und schaffen, das sei der Beruf des Menschen ... Robespierre z.B., St. Just usw. waren durch und durch Pfaffen, begeistert von der Idee, Enthusiasten, konsequente Rüstzeuge dieser Idee, ideale Menschen [...] Wer für *den* Menschen schwärmt, der läßt, soweit jene Schwärmerei sich erstreckt, die Personen außer Acht und schwimmt in einem idealen, heiligen Interesse."[176]

Diesem „heiligen Interesse" widmet Stirner deshalb so viel mehr Aufmerksamkeit als dem „unheiligen", weil er in ihm die Grundlage des Zusammenhalts bisheriger Gesellschaften sieht (was später durch die Freudsche Tiefenpsychologie bestätigt wurde) und weil selbst die aufgeklärtesten Zeitgenossen sich von ihm nicht zu lösen vermochten und „Sittliche" blieben. Um es präziser zu fassen, liefert Stirner allenthalben eine Reihe von Beschreibungen:

„Alles, wovor Ihr einen Respekt oder eine Ehrfurcht hegt, verdient den Namen eines Heiligen." Vor Gebilden, die jemandem heilig sind, hat er keine „natürliche[] *Furcht*", sondern „unnatürliche ... *Ehrfurcht* ..., die ‚heilige Scheu'." „Allein in der Furcht bleibt immer noch der Versuch, sich vom Gefürchteten zu befreien durch List, Betrug, Pfiffe usw. Dagegen ist's in der Ehrfurcht ganz anders. Hier wird nicht bloß gefürchtet, sondern auch geehrt: das Gefürchtete ist zu einer innerlichen Macht geworden, der Ich Mich nicht mehr entziehen kann; Ich ehre dasselbe, bin davon eingenommen, ihm zugetan und angehörig; durch die Ehre, welche Ich ihm zolle, bin Ich vollständig in seiner Gewalt, und versuche die Befreiung nicht einmal mehr ... Ich und das Gefürchtete sind Eins: ‚nicht Ich lebe, sondern das Respektierte lebt in Mir!'"

Zur Ehrfurcht gehört, „daß man etwas außer sich für mächtiger, größer, berechtigter, besser usw. hält, d.h. daß man die Macht eines Fremden (Fremdheit ist ein Kennzeichen des ‚Heiligen'. In allem Heiligen liegt et-

175 EE 48, 202f., 49f.
176 EE 82f., 85.

was ‚Unheimliches', d.h. Fremdes.[177]) anerkennt, also nicht bloß fühlt, sondern ausdrücklich anerkennt, d.h. einräumt, weicht, sich gefangen gibt, sich binden läßt (Hingebung, Demut, Unterwürfigkeit, Untertänigkeit usw.). Hier spukt die ganze Gespensterschar der ‚christlichen Tugenden'."[178] Um Mißverständnisse zu vermeiden, betont Stirner: „Es wäre töricht zu behaupten, es gäbe keine Macht über der Meinigen. Nur die Stellung, welche Ich Mir zu derselben gebe, wird eine durchaus andere sein, als sie im religiösen Zeitalter war: Ich werde der *Feind* jeder höheren Macht sein, während die Religion lehrt, sie Uns zur Freundin zu machen und demütig gegen sie zu sein."[179] Selbstverständlich gebührt auch der „Natur" keine Ehrfurcht: „Weil Ich den Mond nicht fassen kann, soll er Mir darum ‚heilig' sein, eine Astarte? Könnte Ich Dich nur fassen, Ich faßte Dich wahrlich ... Ich gebe Mich nicht auf gegen Dich, sondern warte nur meine Zeit ab."[180]

„Dem [bewußten] Egoisten ist nichts hoch genug, daß er sich davor demütigte, nichts so selbständig, daß er ihm zuliebe lebte, nichts so heilig, daß er sich ihm opferte [...] Egoistisch ist es, keiner Sache einen eigenen oder ‚absoluten' Wert beizulegen [d.h. sie zu heiligen], sondern ihren Wert in Mir zu suchen [...] Zu einer Sache, die Ich eigennützig [egoistisch] betreibe, habe Ich ein anderes Verhältnis, als zu einer, welcher Ich uneigennützig [als einer heiligen] diene. Man könnte folgendes Erkennungszeichen dafür anführen: Gegen jene kann Ich Mich *versündigen* oder eine *Sünde* begehen, die andere nur *verscherzen*, von Mir stoßen, Mich darum bringen, d.h. eine Unklugheit begehen."[181]

„Heiliges existiert nur für den Egoisten, der sich selbst nicht anerkennt, den *unfreiwilligen* Egoisten, für ihn, der immer auf das Seine aus ist, und doch sich nicht für das höchste Wesen hält, der ... sich erniedrigt, d.h. seinen Egoismus bekämpft, zugleich aber sich selbst nur deshalb erniedrigt, ‚um erhöht zu werden', also um seinen Egoismus zu befriedigen."[182]

„Alles Heilige ist ein Band, eine Fessel [...] Heilig z.B. ist vor allem der ‚heilige Geist', heilig die Wahrheit, heilig das Recht, das Gesetz, die gute Sache, die Majestät, die Ehe, das Gemeinwohl, die Ordnung, das Vaterland usw. usw."[183]

Vom bewußten Egoisten sagt Stirner: „Nichts ist ihm heilig!" In dieser „durchaus heiligen Welt" aber sei er der konsequente „Entheiliger".[184] Entheiligung kann hier also nur in einem aufklärerischen Sinn gemeint sein.

---

177 EE 40 (nur Satz in Klammern).
178 EE 77f.
179 EE 202.
180 EE 183.
181 EE 328, 186, 188.
182 EE 39.
183 EE 237, 46.
184 EE 202, KS 363, 361.

Einige der von Stirner vorgenommenen Entheiligungen sollen im folgenden, auch zur weiteren Konturierung des komplexen Begriffs des Heiligen, vorgestellt werden.

Die „Entheiligung", die Stirner weithin den Ruf eines anarchistischen Phantasten eingebracht hat, ist die von Recht und Staat. Auf sie richtete sich seinerzeit das Hauptaugenmerk der Zensoren;[185] an ihr schieden und scheiden sich die Geister: in entrüstete, die den *Einzigen* einst verboten und später publizistisch dämonisierten, und in überlegene, die einst und später vornehmlich in ihr die „selbstwiderlegende" Wirkung des Werkes gesehen haben. Für letzten Typus unter den Zensoren mag Stirner einige „renommistische" Formulierungen absichtsvoll eingestreut haben.

Stirners egoistische Kritik am Recht zielt auf dessen innige Verfilzung mit der Moral; z.B.: „Die Monogamie soll etwas Heiliges sein, und wer etwa in Doppelehe lebt, der wird als *Verbrecher* gestraft; wer Blutschande treibt, leidet als *Verbrecher*."[186] Weniger spektakulär und deshalb vielleicht das Wesentliche seiner Kritik besser erhellend ist Stirners Beispiel des Mannes, „der eben vor meinem Fenster Bücklinge zum Verkauf ausruft ... Entwendete ihm ... ein Dieb seinen Korb, so entstünde sogleich ein Interesse Vieler, der ganzen Stadt, des ganzen Landes, oder mit einem Worte Aller, welche den Diebstahl verabscheuen: ein Interesse, wobei die Person des Bücklingshändlers gleichgültig würde, und an ihrer Statt die Kategorie des ‚Bestohlenen' in den Vordergrund träte. Aber auch hier könnte noch alles auf ein persönliches Interesse hinauslaufen, indem jeder Teilnehmende bedächte, daß er der Bestrafung des Diebes deshalb beitreten müsse, weil sonst das straflose Stehlen allgemein werden und auch ihn um das Seinige bringen könnte. Eine solche Berechnung läßt sich indes schwerlich bei Vielen voraussetzen, und man wird vielmehr den Ausruf hören: der Dieb sei ein ‚Verbrecher' ... Hier hat das persönliche Interesse ein Ende [...] Das Brandmal des ‚Verbrechens' wird ihm aufgedrückt, und schmachten mag er in Sittenverbesserungshäusern, in Kerkern."[187]

Recht basiere also großteils auf moralistischem Ressentiment, sei dessen Rationalisierung. Wie den ethischen Normen, so macht Stirner auch den rechtlichen die Harmlosigkeit streitig, sie seien bloß zwecks Regulierung des sozialen Verkehrs „gesetzt" worden. Ebenso wendet er sich gegen die illusorische Auffassung, sie seien dem Volke von der „herrschenden Klasse" oktroyiert worden. So wie „sonst und zum Teil freilich noch jetzt [dem Gotte] alle ‚Diener Gottes' die Hand boten, um den Lästerer zu strafen", so bewirkt „[j]ene Hingebung an das Heilige ... denn auch, daß man, ohne lebendigen, eigenen Anteil, die Übeltäter nur in die Hände der Polizei und Gerichte liefert ... Das Volk ist ganz toll darauf, gegen Alles die Polizei

185 Glossy 1912, 8, Houben 1925, 577–581, Andréas/Mönke 1968, 18f. (Fn.).

186 EE 49.

187 EE 83f., 49.

zu hetzen, was ihm unsittlich, oft nur unanständig zu sein scheint, und diese Volkswut für das Sittliche beschützt mehr das Polizeiinstitut, als die Regierung es nur irgend schützen könnte."[188]

Stirner definiert: „Nur gegen ein Heiliges gibt es Verbrecher; Du gegen Mich kannst nie ein Verbrecher sein, sondern nur ein Gegner." So widersinnig es aber wäre, gegen die heilige Ethik (ein Pleonasmus) eine egoistische Ethik (eine contradictio in adjecto) zu setzen, so widersinnig wäre es, ein egoistisches Recht zu postulieren, weshalb Stirner sich, nachdem er „in den Eingeweiden des Rechts wühlte", wie folgt korrigiert: „Zum Schlusse muß Ich nun noch die halbe Ausdrucksweise zurücknehmen ... Was Ich ‚mein Recht' nannte, das ist gar nicht mehr ‚Recht', weil Recht nur von einem Geiste erteilt werden kann, sei es der Geist der Natur oder der der Gattung, der Menschheit, der Geist Gottes oder der Sr. Heiligkeit oder Sr. Durchlaucht usw."[189]

Auf Stirners „Entheiligung" von „unsern Strafrechtstheorien, mit deren ‚zeitgemäßer Verbesserung' man sich vergeblich abquält", kann hier nicht im einzelnen eingegangen werden. Für vergeblich hält Stirner eine Verbesserung bzw. Reform deshalb, weil Heiliges, Verbrechen und Strafe unlösbar zusammengehören, Strafe das Verbrechen nicht verhindern kann, solange es Heiliges gibt: „Fällt das Verbrechen, weil das Heilige verschwindet, so muß nicht minder die Strafe in dessen Fall hineingezogen werden [...] Strafe hat nur dann einen Sinn, wenn sie Sühne für die Verletzung eines *Heiligen* gewähren soll."[190]

Hingegen kennt Stirner, wie seine Argumentation zum Beispiel des Bücklingshändlers zeigt, durchaus Taten, „wider welche die Sozietät Gegenmaßregeln ergreift, eine *Abwehr* statuiert." Das ist dann „keine Sündenstrafe, keine Strafe für ein *Verbrechen*." Absichtlich spricht Stirner hier nicht vom Staat, denn die Institution Staat war bisher eine „heilige Gesellschaft".[191]

Die Säkularisierung des Staates hat seither nur langsame Fortschritte gemacht, was sich sogar an der unveränderten Aktualität eines ebenfalls unspektakulären Beispiels aus Stirners Zeiten ersehen läßt: „Der Staat läßt nicht zu, daß man Mann an Mann aneinandergerate ... Selbst jede Prügelei, zu der doch keiner der Kämpfenden die Polizei ruft, wird gestraft, es sei denn, daß nicht ein Ich auf ein Du losprügele, sondern etwa ein *Familienoberhaupt* auf das Kind".[192] Spektakulärer freilich ist die nach wie vor in den Staaten übliche Satzung, unter gewissen Arrangements „‚auf höhere Autorität', d.h. ‚mit Recht' [zu] morden."

---

188 EE 267.

189 EE 224, 230.

190 EE 266, 265f.

191 EE 263f., 135.

192 EE 204f.

„Ich aber", fährt Stirner an dieser Stelle fort, „bin durch Mich berechtigt zu morden, wenn Ich Mir's selbst nicht verbiete, wenn Ich selbst Mich nicht vorm Morde als vor einem ‚Unrecht' fürchte." Diese Formulierung wurde von den Apologeten des Heiligen, unter dessen Regiment bekanntlich seit je massenhaft gemordet wurde (und heute gar der „Biozid" riskiert wird), immer dann in der Polemik gegen Stirner verwandt, wenn der bloße Egoismushinweis nicht verschlug. Sie ist jedoch nur ein Spezialfall von Stirners allgemeiner Destruktion des Rechts: „Ob Ich Recht habe oder nicht, darüber gibt es keinen anderen Richter als Mich selbst", ist keineswegs zu den „renommistischen" Textstellen zu zählen und steht durchaus in Einklang mit seiner Verurteilung des „heiligen Mordens" wie z.B. hier: „Weil die revolutionären Pfaffen und Schulmeister *dem* Menschen dienten, darum schnitten sie *den* Menschen die Hälse ab."[193]

Eine weitere wichtige „Entheiligung" Stirners gilt der „Liebe". „Der Egoismus, wie Stirner ihn geltend macht", schrieb er in der Replik auf seine Rezensenten, richtet sich „nicht gegen die Liebe, sondern gegen die heilige Liebe". Auch in diesem Fall wirkt Stirners Ergänzung zum mißverstandenen *Einzigen* nur wenig verdeutlichend. Dort unterscheidet er, wie bei den Objektbeziehungen ganz allgemein, zwischen egoistischer und besessener Form der Liebe, und bei letzterer noch einmal wie folgt: „Blind und toll wird die Liebe dadurch, daß ein *Müssen* sie meiner Gewalt entzieht (Vernarrtheit), romantisch dadurch, daß ein *Sollen* in sie eintritt, d.h. daß der ‚Gegenstand' Mir heilig wird". Solche Liebe sei „Besessenheit ... durch die Fremdheit des Gegenstandes." Ihr Gegensatz, „die egoistische Liebe, d.h. Meine Liebe, ist weder heilig noch unheilig, weder göttlich noch teuflisch."[194]

Stirner spricht wenig über die unheilige Liebe; seine Entheiligung gilt natürlich der heiligen, die „eine weitgehende religiöse Forderung [ist und] nicht etwa auf die Liebe zu Gott und den Menschen beschränkt [...] Familienliebe z.B., wie sie gewöhnlich als ‚Pietät' aufgefaßt wird, ist eine religiöse Liebe; Vaterlandsliebe, als ‚Patriotismus' gepredigt, gleichfalls. All unsere romantische Liebe bewegt sich in demselben Zuschnitt: überall die Heuchelei oder vielmehr Selbsttäuschung einer ‚uneigennützigen Liebe', ein Interesse am Gegenstande um des Gegenstandes willen, nicht um Meinet- und zwar allein Meinetwillen [...] Wer dem Gegenstande seiner Liebe etwas *schuldig* zu sein glaubt, der liebt romantisch oder religiös."[195]

Dieser Liebe als Forderung, Pflicht, Gesetz, Gebot, „dessen Befolgung man wohl sündhafterweise zuweilen zu vergessen, dessen absoluten Wert aber zu leugnen man sich niemals getraut", dieser heiligen Liebe stellt Stirner die egoistische Liebe gegenüber: „Die eigennützige Liebe steht weit von

---

193 EE 208, 205, 87.
194 KS 375, EE 326, 328.
195 EE 320, 327.

der uneigennützigen, mystischen oder romantischen ab [...] Mein eigen ist meine Liebe erst, wenn sie durchaus in einem eigennützigen und egoistischen Interesse besteht, mithin der Gegenstand meiner Liebe wirklich *mein* Gegenstand oder mein Eigentum ist. Meinem Eigentum bin Ich nichts schuldig und habe keine Pflicht gegen dasselbe, so wenig Ich etwa eine Pflicht gegen mein Auge habe; hüte Ich es dennoch mit größter Sorgsamkeit, so geschieht das Meinetwegen [...] Wenn Ich Dich hege und pflege, weil Ich Dich lieb habe, weil Mein Herz an Dir Nahrung, Mein Bedürfnis Befriedigung findet, so geschieht es nicht um eines höheren Wesens willen, dessen geheiligter Leib Du bist ..., sondern aus egoistischer Lust: Du selbst mit *Deinem* Wesen bist Mir wert, denn Dein Wesen ist kein höheres [...] Ich liebe [die Menschen], weil die Liebe *Mich* glücklich macht, Ich liebe, weil Mir das Lieben natürlich ist, weil Mir's gefällt. Ich kenne kein ‚Gebot der Liebe' [...] Sehe Ich den Geliebten leiden, so leide Ich mit, und es läßt Mir keine Ruhe, bis Ich Alles versucht habe, um ihn zu trösten und aufzuheitern; sehe Ich ihn froh, so werde auch Ich über seine Freude froh [...] [U]nzählige Genüsse kann Ich ihm mit Freuden opfern, Unzähliges kann Ich Mir zur Erhöhung *Seiner* Lust versagen ... Es macht ja Meine Lust und Mein Glück aus, Mich an Seinem Glücke und Seiner Lust zu laben. Aber *Mich, Mich selbst* opfere Ich ihm nicht, sondern bleibe Egoist und – genieße ihn [...] Ich kann lieben, mit voller Seele lieben und die verzehrendste Glut der Leidenschaft in meinem Herzen brennen lassen, ohne den Geliebten für etwas Anderes zu nehmen als für die *Nahrung* meiner Leidenschaft ... Wie gleichgültig wäre er Mir ohne diese – Meine Liebe."[196]

Der heiligen Liebe hingegen ist niemand gleichgültig: „Gott, der die Liebe ist, ist ein zudringlicher Gott: er kann die Welt nicht in Ruhe lassen, sondern will sie *beseligen* [...] Es ist gerade das christliche Zeitalter das der *Barmherzigkeit*, der *Liebe*, der Sorge, den Menschen zukommen zu lassen, was ihnen gebührt, ja sie dahin zu bringen, daß sie ihren menschlichen (göttlichen) Beruf erfüllen ...: dies und das ist das Wesen des Menschen und folglich sein Beruf, wozu ihn entweder Gott berufen hat oder (nach heutigen Begriffen) sein Menschsein (die Gattung) ihn beruft. Daher der Bekehrungseifer. Daß die Kommunisten und Humanen mehr als die Christen vom Menschen erwarten, bringt sie keineswegs von demselben Standpunkte weg [...] Der Philanthropismus ist eine himmlische, geistige, eine – pfäffische Liebe."[197]

Stirner kämpft vor allem gegen die Verbohrtheit, mit der noch die fortgeschrittensten Aufklärer am Grundprinzip jener Welt, die sie überwinden wollen, festhalten: „Allein, es soll Jeder Interesse für die Menschen, Liebe zu den Menschen haben! Nun, seht zu, wie weit Ihr mit diesem Soll, mit

[196] EE 319, 326, 327f., 45, 324, 325, 323f., 330.
[197] EE 320, 322, 85.

diesem *Liebesgebote*, kommt. Seit zwei Jahrtausenden wird es den Menschen zu Herzen geführt, und gleichwohl klagen die Sozialisten heute, daß unsere Proletarier liebloser behandelt werden als die Sklaven der Alten, und gleichwohl erheben dieselben Sozialisten noch einmal recht laut ihre Stimme für dieses – Liebesgebot."[198]

Ohne sich auf den müßigen Streit um die „Notwendigkeit" des Vergangenen und Bestehenden einzulassen („Möglichkeit und Wirklichkeit fallen immer zusammen"[199]), bestreitet Stirner die verbreitete Auffassung, eine Welt ohne Liebesgebot (samt Moral, Recht usw.) wäre noch „bestialischer", noch mehr mit Leiden für jeden Einzelnen verbunden. Er erläutert die grausame Kehrseite moralistischer „Güte" an der Figur des Tugendhelden eines damals allgemein bekannten sozialkritischen Romans:[200] „[D]er hochherzige, tugendhafte Philisterfürst Rudolf ... [sinnt], weil ihn die Bösen ‚entrüsten', auf ihre Marter." Stirner vergleicht ihn mit jenem Räuber, „welcher nach dem Maße seiner Bettstelle den Gefangenen die Beine abschnitt oder ausreckte: Rudolfs Bettstelle, wonach er die Menschen zuschneidet, ist der Begriff des ‚Guten'. Das Gefühl für Recht, Tugend usw. macht hartherzig und intolerant. Rudolf fühlt ..., daß ‚dem Bösewicht Recht geschieht'; das ist kein Mitgefühl [...] Wer vor Liebe zur Gerechtigkeit brennt, der ruft aus: fiat iustitia, pereat mundus [...] Wer ... voll heiliger (religiöser, sittlicher, humaner) Liebe ist, der liebt nur den Spuk, den ‚wahren Menschen', und verfolgt mit dumpfer Unbarmherzigkeit den Einzelnen, den wirklichen Menschen, unter dem phlegmatischen Rechtstitel des Verfahrens gegen den ‚Unmenschen' [Verbrecher]. Er findet es lobenswert und unerläßlich, die Erbarmungslosigkeit im herbsten Maße zu üben; denn die Liebe zum Spuk oder Allgemeinen gebietet ihm, den nicht Gespenstischen, d.h. den Egoisten oder Einzelnen, zu hassen; das ist der Sinn der berühmten Liebeserscheinung, die man ‚Gerechtigkeit' nennt."[201]

Schwerwiegender als dieses Beispiel, dem sich eine ganze Reihe anschließen ließe, ist Stirners Einsicht in den verhängnisvollen zirkelhaften Mechanismus, aus dem bisherige Kultur auch bis heute nicht auszubrechen vermochte. Wilhelm Reich, der ein Jahrhundert später, an Freud geschult, ähnliche Phänomene wie Stirner untersuchte, hat ihn auf folgende Formel gebracht: „Die ‚Moral' schafft erst dasjenige Triebleben [in jedem Kinde], zu dessen sittlicher Beherrschung sie sich berufen ausgibt; und der Wegfall dieser Moral ist die Vorbedingung des Wegfalls der Unmoral, die zu beseitigen sie sich vergeblich bemüht."[202]

---

198 KS 374f.

199 EE 369.

200 Sue, Eugène: *Die Mysterien von Paris* (1842/43); Neuaufl.: *Die Geheimnisse von Paris*, aus d. Franz. übers. u. bearb. v. Bernhard Jolles, München 1982.

201 EE 324f., 320f.

202 Reich, Wilhelm: *Massenpsychologie des Faschismus*, Köln 1971, 189.

Stirner erfaßt diesen Sachverhalt so: „Zu derjenigen Liebe, welche sich auf das ‚Wesen des Menschen' gründet oder in der kirchlichen und sittlichen Periode als ein ‚Gebot' auf Uns liegt, muß man erzogen werden [...] Man wird daher einen möglichst starken ‚moralischen Einfluß' auf Mich ausüben, um Mich zum Lieben zu bringen [...] Ich *soll* lieben [...] Die Liebe des natürlichen Menschen wird durch die Bildung [Erziehung] ein *Gebot*. Als Gebot aber gehört sie *dem* Menschen als solchem, nicht *Mir*; sie ist mein *Wesen*, ... nicht mein Eigentum ... Was ursprünglich *mein* [Eigentum] war, aber *zufällig*, instinktmäßig, das wurde Mir [geraubt und] als Eigentum des Menschen verliehen; Ich wurde Lehnsträger, ... handelte liebend nicht als *Ich*, sondern als *Mensch* [...] Folglich muß Ich die Liebe *Mir* wieder vindizieren und sie aus der Macht *des* Menschen erlösen."[203] Erzieherische Zerstörung der Liebesfähigkeit und Liebesforderung gehen Hand in Hand. Das „Vindizieren" der Liebe allerdings ist danach, wie wir heute wissen, problematischer als Stirner vielleicht glaubte.

Im gleichen Zusammenhang schreibt Stirner, der „die pomphafte Redensart von der ‚Entfremdung der Gattung'" (Feuerbach, Marx) schlicht für „Unsinn" hält: „Der ganze Zustand der Kultur ist das *Lehnswesen*, indem das Eigentum das *des* Menschen oder der Menschheit ist, nicht das *meinige*." Nicht nur Lehnsträger der Liebe ist man also in ihr, sondern auch Lehnsträger der Freiheit, des zweiten großen Mythos unserer Kultur: „Freiheit ist die Lehre des Christentums. ‚Ihr, liebe Brüder, seid zur Freiheit berufen!'"[204]

Obwohl erst im nächsten Abschnitt näher auf dieses Thema eingegangen wird, kann schon hier der Zusammenhang mit einer vorn getroffenen Feststellung hergestellt werden. Wenn dort von falschem Pluralismus und falschem Liberalismus die Rede war, so lag dem zugrunde ein falscher Individualismus, der erzieherisch Freiheitsfähigkeit zerstört (d.h. dies den Erziehern, da diese „frei" sind, freistellt), gleichzeitig zu „Freiheit" erzieht und dann „Freiheits"-Rechte und -Pflichten als Lehen vergibt. Analog läßt sich von falschem Monismus (Dogmatismus) und falschem Sozialismus (bzw. Christentum) reden, dem ein falscher Kollektivismus zugrunde liegt, der erzieherisch Liebesfähigkeit zerstört, gleichzeitig zu „Liebe" erzieht und dann „Liebes"-Rechte und -Pflichten als Lehen vergibt. Ohne hier auf den innigen Zusammenhang von Freiheits- und Liebesunfähigkeit (und damit den obiger -ismen) eingehen zu können, sei angemerkt, daß der Stirnersche „Egoismus" damit zu der soziologischen seine psychologische Ortsbestimmung erhält.

---

203 EE 332, 325f., 323.

204 KS 390, EE 323, 173.

*

Zwei weitere „Entheiligungen" Stirners können nur noch kurz erwähnt werden. Eine betrifft „die Arbeit, die als eine ‚Ehre des Menschen' und als sein ‚Beruf' betrachtet wird". Sie „ist Schöpferin der Nationalökonomie geworden und bleibt Herrin des *heiligen* Sozialismus, wo sie als ‚menschliche Arbeit' die ‚menschlichen Anlagen ausbilden soll', und wo diese Ausbildung eine menschliche Berufssache, ein absolut Interessantes [Heiliges] ist."[205] Stirner verspottet die Künder einer Welt „nichtentfremdeter" Arbeit, denen er die Worte in den Mund legt: „Wir wollen [die Arbeit] ... in vollstem Maße. Wir wollen sie nicht, um Muße zu gewinnen, sondern um in ihr selber alle Genugtuung zu finden. Wir wollen die Arbeit, weil sie unsere Selbstentwicklung ist. – Aber die Arbeit muß dann auch darnach sein! Es ehrt den Menschen nur die menschliche, die selbstbewußte Arbeit, nur die Arbeit, welche keine ‚egoistische' Absicht, sondern den Menschen zum Zwecke hat, und die Selbstoffenbarung des Menschen ist, so daß es heißen muß: laboro, ergo sum ..."[206]

Gleichermaßen wendet sich Stirner gegen den Kult um das cartesianische „cogito, ergo sum",[207] denn eine weitere seiner Entheiligungen betrifft das Denken: Er macht es „zu einer Sache des egoistischen Beliebens", zu einem „Denken, welches nicht Mich leitet, sondern von Mir geleitet, fortgeführt oder abgebrochen wird, je nach meinem Gefallen." Diese Entheiligung richtet sich gegen jene, für die „Denken eine ‚erhabene Arbeit, eine heilige Tätigkeit' ist"; Stirner sieht in ihnen „nur eine wundervolle Maschine, welche der Geist der Wahrheit zu seinem Dienst aufzieht."[208]

Der Eigner

„Alle Welt verlangt nach Freiheit, Alle sehnen ihr Reich herbei. O bezaubernd schöner Traum von einem blühenden ‚Reiche der Freiheit', einem ‚freien Menschengeschlechte'! – wer hätte ihn nicht geträumt?" Stirners Ton verrät etwas von seiner Enttäuschung darüber, wie selbst „die Revolutionärsten unserer Tage" die sog. soziale Frage angehen: „Ja, wäre das daran gefaßte Interesse weniger leidenschaftlich und verblendet, so würde man über die Gesellschaft nicht so sehr die Einzelnen darin aus den Augen verlieren, und erkennen, daß eine Gesellschaft nicht neu werden kann, solange diejenigen, welche sie ausmachen und konstituieren, die alten bleiben; ...

205 KS 357. Stirner war Übersetzer und Herausgeber klassischer Schriften englischer und französischer Nationalökonomen. Vgl. Bibliographie.

206 EE 144f.

207 Vgl. EE 91ff.

208 EE 166, 380f.

[denn] der Charakter ihrer Mitglieder [...] bestimmt den Charakter einer Gesellschaft ...: sie sind Schöpfer derselben. So viel müßte man wenigstens einsehen ...“[209]

In seiner Auseinandersetzung mit den „Revolutionärsten unserer Tage“ hat Stirner den Begriff der „Eigenheit“ geprägt. Mit ihm will er das Problem der Freiheitsfähigkeit des Einzelnen in den Vordergrund rücken, weil er meint, daß „nur die Freiheit, die man sich *nimmt*, also die Freiheit des Egoisten“, wirklich Freiheit ist; „daß Ich nur so viel Freiheit haben kann, als Ich durch meine Eigenheit Mir verschaffe.“ „Eigenheit“, schreibt er, ist „keine Idee ..., gleich der Freiheit, Sittlichkeit, Menschlichkeit u. dgl.: sie ist nur eine Beschreibung des – Eigners.“ Wer aber ist Eigner? „Mein eigen bin Ich erst, wenn nicht die Sinnlichkeit, aber ebensowenig ein Anderer (Gott, Menschen, Obrigkeit, Gesetz, Staat, Kirche usw.) Mich in der Gewalt haben, sondern Ich selbst; [...] Eigner bin Ich ..., wenn Ich Mich als *Einzigen weiß*.“[210]

Obwohl Stirner selbst die Worte Eigner, Einziger und Egoist bisweilen synonym verwendet, läßt sich, wie der Egoist vom Einzigen, auch der Eigner von diesen beiden begrifflich unterscheiden. Er ist zwar bewußter Egoist, also frei von jeglicher Besessenheit, auch bewußter Einziger; aber er ist nicht nur frei, sondern er hat auch etwas: sein Eigentum. „Ich habe gegen die Freiheit nichts einzuwenden, aber Ich wünsche Dir mehr als Freiheit; Du müßtest nicht bloß *los sein*, was Du nicht willst, Du müßtest auch *haben*, was Du willst, Du müßtest nicht nur ein ‚Freier‘, Du müßtest auch ‚Eigner‘ sein.“[211] Der Eigner ist also „Der Einzige und sein Eigentum“. Bevor auf den Begriff des „Eigentums“, wie ihn Stirner verwendet, näher eingegangen wird, soll gezeigt werden, wie er versucht, den Begriff der „Eigenheit“ als Kontrast zu dem der Freiheit zu entwickeln. „Welch ein Unterschied zwischen Freiheit und Eigenheit!“[212] ruft er aus, als wolle er sich gegen das Zusammenfließen dieser beiden Begriffe wehren.

Es wurde bereits erwähnt, daß Stirner neben der Liebe die Freiheit als zweites großes „Lehen“ sieht, das die Gesellschaft dem Einzelnen erst raubt und dann in pervertierter Form zuteilt. Anders ausgedrückt: wie die Schädigung der Liebesfähigkeit zu unstillbarer Liebessehnsucht und Liebesgebot führt, so verhält es sich auch mit der „Freiheit“: „[D]ie ‚Freiheit‘ ist und bleibt eine *Sehnsucht*, ein romantischer Klagelaut, eine christliche Hoffnung auf Jenseitigkeit und Zukunft; die ‚Eigenheit‘ [aber] ist eine Wirklichkeit, die *von selbst* gerade so viel Unfreiheit beseitigt, als Euch hinderlich den eigenen Weg versperrt.“ Entsprechend gibt es in einer Gesellschaft der Freiheitsunfähigen auch ein Freiheitsgebot, früher nur in religi-

209 EE 175, 205, 231.
210 EE 184f., 188, 187, 412.
211 EE 172.
212 EE 173.

öser und seit der Aufklärung auch in säkularer Fassung: „Unter Religion und Politik befindet sich der Mensch auf dem Standpunkt des *Sollens* ... Die Bestrebungen der Neuzeit zielen dahin, das Ideal des ‚freien Menschen' aufzustellen [...] Was wäre das Ideal wohl anderes, als das gesuchte, stets ferne Ich? ... Man lebt in *Sehnsucht* und hat Jahrtausende in ihr, hat in *Hoffnung* gelebt."[213]

Schon in seiner Arbeit *Kunst und Religion* hatte Stirner erkannt, daß die Unerreichbarkeit des Ideals, des Objekts seiner Sehnsucht, die Grundbefindlichkeit des religiösen Menschen kennzeichnet. „[Sein] Gegenüber ..., auf das alle Gedanken und Gefühle hinfluten, ... ist nicht zu erreichen; denn wäre es zu erreichen, wo bliebe dann das ‚Gegenüber'? Wo bliebe die *Entzweiung* mit all ihren Schmerzen und all ihrer Wonne? Wo bliebe – sprechen wir es aus, wie diese Entzweiung mit einem anderen Worte heißt! – wo bliebe die *Religion*?"[214]

Schmerz und Wonne der Entzweiung – damit kommt Stirner auch begrifflich dem schon erwähnten ubiquitären Masochismus nahe, den die Psychoanalyse später als Grundproblem der conditio humana erkannt hat. Somit klingt es nur tautologisch, wenn Stirner sagt: Die „Idee der Menschlichkeit bleibt unrealisiert, weil sie eben die ‚Idee' bleibt [–] und bleiben soll." Anders ausgedrückt: Solange man sich nach Freiheit „sehnt", wird man zugleich ihre Verwirklichung zu verhindern suchen, um die Sehnsucht zu erhalten. Es sei, so Stirner, charakteristisch „für den religiösen Standpunkt, wohin Ich auch den sittlichen und humanen rechne, daß Alles darauf ein *frommer Wunsch* (pium desiderium), d.h. ein Jenseits, ein Unerreichtes bleibt [...] Der Zauberkreis der Christlichkeit wäre [erst] gebrochen, wenn die Spannung zwischen Existenz und Beruf, d.h. zwischen Mir, wie Ich bin, und Mir, wie Ich sein soll [z.B. ‚frei'], aufhörte".[215]

Stirners Begriff der Eigenheit entsteht sozusagen als Produkt der „Entheiligung" des Begriffs Freiheit, stößt aber auf zusätzliche Schwierigkeiten, weil er sich den bisherigen Entheiligungen gegenüber auf einer anderen Ebene befindet. Waren bei der Kritik von Staat, Liebe usw. „die Revolutionärsten" und Stirner scheinbar auf gleicher Ebene (Freier Staat – eigener Staat [Verein]; freie Liebe – eigene Liebe [egoistische Liebe[216]] usw.), so entscheidet sich hier, welche Kritik solideren Grund hat. Freiheit, so Stirner, sei bloß eine Idee, wiederum ein Ideal; „[d]agegen Eigenheit, das ist Mein ganzes Wesen und Dasein, das bin Ich selbst [als Eigner] ... Das

213 EE 180, 268f., 359f.

214 KS 259.

215 EE 401, 357, 410.

216 „Ob dies noch Liebe heißen kann? Wißt Ihr ein anderes Wort dafür, so wählt es immerhin; dann mag das süße Wort der Liebe mit der abgestorbenen Welt verwelken; Ich wenigstens finde für jetzt keines in unserer christlichen Sprache." (EE 328)

Freisein kann Ich nicht wahrhaft *wollen*, weil Ich's nicht machen, nicht erschaffen kann [...] Mein eigen bin Ich jederzeit und unter allen Umständen, wenn Ich Mich zu haben verstehe". Das Paradoxon der Freiheit ist die Besessenheit von der Idee, nicht mehr besessen sein zu wollen. „Der *Eigene* ist der ... Freie von Haus aus; der Freie dagegen nur der *Freiheitssüchtige* ... Jener ... braucht sich nicht erst zu befreien"[217] und dieser – kann es nicht.

Diese Ausweglosigkeit sieht Stirner nur für den Wunsch nach „Erlösung", nach „Befreiung von oben", für Freiheit via Religion oder Politik: Selbstbefreiung, die egoistische „Empörung", d.h. Emporentwicklung, „Befreiung von unten" hält er für den einzig möglichen Weg: „Unbewußt und unwillkürlich streben Wir alle der Eigenheit zu ... Aber was Ich unbewußt tue, das tue Ich halb, und darum ..."[218] verfalle ich von einer Besessenheit in die andere. Deshalb ...

Stirner versucht stets, ausdrückliche Imperative zu vermeiden und stellt nur zur Wahl, z.B., „ob Ihr auf eure Fahne den Traum der ‚Freiheit' oder den Entschluß des ‚Egoismus', der ‚Eigenheit' stecken wollt ... Die Freiheit lehrt nur: Macht Euch los, entledigt Euch alles Lästigen ... Die Eigenheit aber ruft Euch zu Euch selbst zurück, sie spricht: ‚Komm zu Dir!'"[219] „[D]ie Freiheit ist inhaltsleer. Wer sie nicht zu benutzen weiß, für den hat sie keinen Wert, diese unnütze Erlaubnis; wie Ich sie aber benutze, das hängt von meiner Eigenheit ab."[220]

Der Eigner soll auf keinen Fall als Konstrukt aufgefaßt werden, als Ideal wie z.B. Feuerbachs „wahrer Mensch"; aber er ist, gesellschaftlich gesehen, erst recht nicht real: „Der Zukunft sind die Worte vorbehalten: Ich bin Eigner der Welt der Dinge, und Ich bin Eigner der Welt des Geistes."[221] Soll der Eigner also eine „historische Notwendigkeit" der Zukunft sein? So hat offenbar Marx Stirner interpretiert und sich daraufhin halbherzig von Feuerbach zu lösen vermocht. Bevor hier auf die „Genese des Eigners" eingegangen wird, ist noch kurz der Stirnersche Begriff des „Eigentums" zu betrachten, das den „Einzigen" zum „Eigner" macht.

Stirners Entheiligung von Staat und Recht schließt natürlich die Entheiligung des Eigentums mit ein: „Eigentum im bürgerlichen Sinne bedeutet *heiliges* Eigentum", denn es „lebt von der Gnade des Rechts." „Die *Eigentumsfrage*", meint Stirner, „birgt einen weiteren Sinn in sich, als die beschränkte Fragestellung herauszubringen erlaubt. Auf das, was man unsere Habe nennt, *allein* bezogen, ist sie keiner Lösung fähig".[222] Auf seine Analyse der Verwobenheit von Staat, Recht, Eigentum und Arbeit sowohl

217 EE 173, 181.
218 EE 403.
219 EE 180f.
220 EE 171f.
221 EE 72.
222 EE 274, 278, 274.

in der liberalistischen Konkurrenzgesellschaft als auch in der (antizipierten) sozialistischen Arbeitergesellschaft, die er gleichermaßen als egoismusfeindlich ablehnt, kann hier nicht eingegangen werden. Lösbar sei die Frage des Eigentums nur zusammen mit der des Eigners: „Vom Eigner hängt das Eigentum ab.“[223] Es könne eben „eine Gesellschaft nicht neu werden“, wenn die Menschen „die alten bleiben“.

Stirners Ausführungen zur Eigentumsfrage haben weitgehend entlarvende und damit polemische Funktion. So fragt er: „Woher kommt es nun, daß doch die Meisten so viel wie nichts haben?“ – wo doch im Bürgerstaate „Jeder Inhaber oder ‚Eigentümer‘“ sei – und antwortet: „Es kommt daher, weil die Meisten sich schon darüber freuen, nur überhaupt Inhaber, sei's auch von einigen Lappen, zu sein [...] Hätten die ‚kleinen Eigentümer‘ bedacht, daß auch das große Eigentum das ihrige sei, so hätten sie sich nicht selber respektvoll davon ausgeschlossen.“[224]

Im ehrfurchtsvollen Respekt vor dem Recht, das eben deshalb ein heiliges und nicht bloß sozialtechnisches Instrument ist, sieht Stirner die Hauptstütze des Staats, dessen Funktion in erster Linie der Schutz des Eigentums der Bürger ist. „Wie ist's aber mit dem, der nichts zu verlieren hat, wie mit dem Proletarier? Da er nichts zu verlieren hat, braucht er für sein ‚Nichts‘ den Staatsschutz nicht [...] Die Arbeiter haben die ungeheuerste Macht in Händen, und wenn sie ihrer einmal recht inne würden und sie gebrauchten, so widerstände ihnen nichts“. Wenngleich er dies als egoistische Tat auch begrüßen würde, hält Stirner es doch für ein Unding, die „untertänigen Arbeiter“ „befreien“ zu wollen: „Als hätten die Reichen die Armut verschuldet, und verschuldeten nicht gleicherweise die Armen den Reichtum! [...] Alle Pöbelbeglückungs-Versuche und Schwanenverbrüderungen müssen scheitern, die aus dem Prinzipe der Liebe entspringen. Nur aus dem Egoismus kann dem Pöbel Hilfe werden, und diese Hilfe muß er sich selbst leisten und – wird sie sich leisten.“[225]

Nachdem Stirner das „heilige Eigentum“ vom egoistischen Standpunkt aus kritisiert hat, bleibt die Frage nach dem Begriff des „egoistischen Eigentums“. Dazu schreibt er: „[D]as Eigentum soll und kann nicht aufgehoben werden, es muß vielmehr gespenstischen Händen [dem Generaleigentümer Staat bzw. seinen Lehnsleuten] entrissen und *mein* Eigentum werden.“ Der Eigner steht auf dem Standpunkt: „Von deinem und eurem Eigentum trete Ich nicht scheu zurück, sondern sehe es stets als *mein* Eigentum an, woran Ich nichts zu ‚respektieren‘ brauche. Tuet doch desgleichen mit dem, was Ihr mein Eigentum nennt! Bei dieser Ansicht werden Wir uns am leichtesten miteinander verständigen.“[226] Was Eigentum im

223 EE 274.
224 EE 292, 275.
225 EE 125, 127, 125, 296, 287.
226 EE 287, 274f.

egoistischen Sinne ist, bleibt aber letztlich doch recht unklar; Stirner selbst bemerkt das: „Sage Ich: Mir gehört die Welt, so ist das eigentlich auch leeres Gerede, das nur insofern Sinn hat, als Ich kein fremdes Eigentum respektiere [...] Gelangen die Menschen dahin, daß sie den Respekt vor dem Eigentum verlieren, so wird jeder Eigentum haben, wie alle Sklaven freie Menschen werden, sobald sie den Herrn als Herrn nicht mehr achten. *Vereine* werden dann auch in dieser Sache die Mittel des Einzelnen multiplizieren und sein angefochtenes Eigentum sicherstellen."[227] Mit anderen Worten: Welche Regeln sich eine Gesellschaft von Eignern geben würde, kann und braucht jetzt nicht erörtert werden.

Die Vagheit, die dem Begriff der Eigenheit (als Beschreibung des Eigners) verbleibt, hat ihr Korrelat in der Vagheit, die dem Begriff der Freiheit, obwohl seit Jahrhunderten in aller Munde, bis heute anhaftet. Diese Vagheit ist nach Stirner nur mit dem Begriff selbst zu beseitigen: durch *praktischen* Ausbruch aus dem „Zauberkreis der Christlichkeit": „Wäre die Hierarchie [Herrschaft des Heiligen] nicht so ins Innere gedrungen ..., so müßte man [z.B.] Gedankenfreiheit für ein ebenso leeres Wort ansehen, wie etwa eine Verdauungsfreiheit."[228]

Empörung

Es wurde bereits vorn begründet, daß und in welchem Sinne Stirner als radikaler Aufklärer zu betrachten ist. Seine Adressaten sind sogar in erster Linie „die Aufgeklärtesten und Erleuchtetsten", „die Revolutionärsten unserer Tage",[229] namentlich Ludwig Feuerbach und Bruno Bauer sowie deren Anhänger. Ihnen wirft er vor, sich noch ganz „im Zauberkreis der Christlichkeit" zu bewegen, indem sie sich und der Welt ein Ideal setzten, das prinzipiell unerreichbar sei. Stirner hingegen setzt, wenn überhaupt, ein erreichbares Ideal: „Befreie Dich so weit Du kannst, so hast Du das Deinige getan."[230] Freiheit sei eben ein unerreichbares Ideal, „[d]agegen Eigenheit, ... das bin Ich selbst [...] Die Eigenheit ... spricht: ‚Komm zu Dir!'"[231] Sie ist erreicht, wenn mir kein Ideal mehr vorschwebt und ich sagen kann: „Ich war verächtlich, weil Ich mein ‚besseres Selbst' außer Mir suchte; ... Ich glich den Frommen, die nach ihrem ‚wahren Ich' hungern und immer ‚arme Sünder' bleiben".[232] Eigenheit ist jedoch nicht als statischer Endzu-

227 EE 296, 287.
228 EE 385.
229 EE 360, 205.
230 EE 156.
231 EE 173, 181.
232 EE 162.

stand aufzufassen, sondern als dynamische Grundbefindlichkeit des bewußten, sich selbst bejahenden Einzigen.

In erster Näherung läßt sich nun sagen: „Empörung" nennt Stirner die Aktivität des Einzelnen, durch die er sich seiner Einzigkeit bewußt wird, die ihn also zum Eigner macht. Das Wort wählte er „wegen seines etymologischen Sinnes": es soll „eine Erhebung der Einzelnen, ein Emporkommen"[233] bezeichnen. Einen elitären Sinn verbindet Stirner, der sich als „Proletarier" sah,[234] damit natürlich nicht: „Ich will nichts Besonderes vor Andern haben oder sein ... Ich will Alles sein und Alles haben, was Ich sein und haben kann. Ob Andere *Ähnliches* sind und haben, was kümmert's Mich? Das Gleiche, dasselbe können sie weder sein noch haben." (Zur begrifflichen Problematik der „neuen Gleichheit" vgl. Kap. „Einzigkeit".) Obwohl Stirner schreibt, daß sein „egoistisches Denken" seinem Bedürfnis nach Empörung entsprang bzw. Produkt seiner Empörung war, ist „Bildung" keineswegs Voraussetzung zur Empörung, und gerade sein „Buch sollte dartun, daß das rohe Juchhe nötigenfalls auch die Potenz hat, ein kritisches Juchhe, eine egoistische Kritik zu werden." Bei seiner „Entheiligung des Denkens" spricht er von der „Gleichstellung des gedankenlosen und gedankenvollen Ichs, diese[r] plumpe[n], aber wirkliche[n] ‚Gleichheit'"[235] der Eigner, die nur durch egoistische Empörung erreichbar ist.

Bei der „Empörung ... ist meine Absicht und Tat keine politische und soziale, sondern, als allein auf Mich und meine Eigenheit gerichtet, eine *egoistische*." Empörung hat aber, als Tat vieler Einzelner, „eine Umwandlung der Zustände zur unvermeidlichen Folge ... Sie ist kein Kampf gegen das Bestehende, da, wenn sie gedeiht, das Bestehende von selbst zusammenstürzt; [...] [sie ist] eine Erhebung der Einzelnen, ein Emporkommen, ohne Rücksicht auf die Einrichtungen, welche daraus entsprießen." Als egoistische Tat nützt seine Empörung dem Einzelnen auf jeden Fall direkt; die Empörung anderer Einzelner nützt ihm zusätzlich indirekt; Empörung hat somit eine immense soziale Dimension. „Revolution und Empörung dürfen nicht für gleichbedeutend angesehen werden."[236] Die Revolution als Methode gesellschaftlicher Veränderung gehört noch der alten Welt an; in ihr „handelte nicht der Einzelne weltgeschichtlich, sondern ein Volk [...] Sie schaffte *diesen* Herrscher ab, nicht *den* Herrscher ... [I]mmer wird nur ein *neuer* Herr an die Stelle des alten gesetzt [...] Bis auf den heutigen Tag ist das Revolutionsprinzip dabei geblieben, nur ... *reformatorisch* zu sein."[237] Zur Überwindung der christlichen Weltordnung aber bedarf es radikalerer Mittel: „Eine Revolution führt gewiß das Ende nicht herbei, wenn nicht

233 EE 354f.
234 EE 123, 132.
235 EE 152, KS 365, EE 166.
236 EE 354.
237 EE 121.

vorher eine Empörung vollbracht ist!"[238] Bislang hat Stirner mit dieser Behauptung recht behalten.

Obwohl Stirner sah, dass sich das „Heilige ... keineswegs so leicht beseitigen [läßt], als gegenwärtig Manche behaupten",[239] war er, von heutiger Warte aus gesehen, recht optimistisch, wenn er vom unbewußten Streben zur Eigenheit sprach oder zum Entschluß zu ihr aufrief. Gleichzeitig sah er jedoch klar, was der Empörung entgegensteht: „Warum wollt Ihr nun den Mut nicht fassen, *Euch* wirklich ganz und gar zum Mittelpunkt und zur Hauptsache zu machen? ... Aber man braucht Euch nur an Euch zu mahnen, um Euch gleich zur Verzweiflung zu bringen. ‚Was bin ich?' so fragt sich Jeder von Euch. Ein Abgrund von regel- und gesetzlosen Trieben, Begierden, Wünschen, Leidenschaften, ein Chaos ohne Licht und Leitstern! Wie soll Ich, wenn Ich ohne Rücksicht auf Gottes Gebote oder auf die Pflichten, welche die Moral vorschreibt, ohne Rücksicht auf die Stimme der Vernunft, welche im Lauf der Geschichte nach bitteren Erfahrungen das Beste und Vernünftigste zum Gesetze erhoben hat, lediglich Mich frage, eine richtige Antwort erhalten? ... Allein die Gewohnheit religiöser Denkungsart ... hat Uns so erniedrigt, daß Wir Uns für erbsündlich, für geborene Teufel halten."[240]

Stirner war sich durchaus im Klaren, warum so wenige Menschen Eigner sind bzw. fähig sind, sich zum Eigner zu empören: „Wem die Grundsätze der Moral gehörig eingeprägt wurden, der wird von moralischen Gedanken niemals wieder frei." Der „moralische Einfluß" aber sei das „Hauptingredienz unserer Erziehung": „die Brechung und Beugung des Mutes zur *Demut* herab", die Einpflanzung des Schuldgefühls, auch des unbewußten, der Aufbau eines strengen Über-Ichs. Die „ganze Erziehung", schreibt Stirner, gehe darauf aus, „*Gefühle* in Uns zu erzeugen, d.h. sie uns einzugeben, statt die Erzeugung derselben Uns zu überlassen, wie sie auch ausfallen mögen." Diese „eingegebenen Gefühle" würden dann „entweder unbewußt Uns beherrschen, oder in reicheren Naturen zu Systemen und Kunstwerken sich darlegen können". Die letztgenannte Möglichkeit bedeute, daß jemand „im reifen Alter nur seine kindischen, in der Kindheit empfangenen Gefühle fort[setzt] und ... die Kräfte seiner Mannheit in dem Aufputz seiner Kindereien [verpraßt]."[241] Stirner nimmt hier wesentliche Einsichten der Psychoanalyse vorweg, läßt diese sogar dort weit hinter sich, wo sie bis heute bloß verschwommene Distinktionen zwischen Reaktionsbildung und Sublimierung aufweisen kann. Dies ist ihm möglich, weil er sich zur Beurteilung einer Leistung nicht wie diese an das bornierte Kriterium des „kulturellen Werts" bindet. Der Eigner oder bewußte Egoist „sub-

238 EE 356.

239 EE 38.

240 EE 177f.

241 EE 383, 332, 88, 69ff.

limiert“ immer, in den gewachsenen, unaufgeklärten Kulturen auch dann, wenn er z.B. deren destruktive und dennoch hochgeschätzten Werte destruiert.

Ein großer Unterschied besteht nach Stirner zwischen diesen „eingegebenen, aufgedrungenen Gefühlen“ und solchen, die in jemandem nur „angeregt“ worden sind. „Die letzteren sind eigene, egoistische ..., zu den ersteren aber spreize Ich Mich auf, hege sie in Mir wie ein Erbteil, kultiviere sie und bin von ihnen *besessen* ... Das Eingegebene ist Uns *fremd*, ist Uns nicht eigen, und darum ist es ‚heilig‘, und es hält schwer, die ‚heilige Scheu davor‘ abzulegen.“[242]

Es versteht sich nach allem, daß Stirner nicht nur anprangert, daß man „noch heute [1844] schon bei den zarten Kindern durch religiöse Erziehung den Geist um Gottes willen [bindet]“.[243] Die Pädagogik der Aufklärung, mit der er sich schon in seiner Arbeit *Das unwahre Prinzip unserer Erziehung* auseinandergesetzt hatte, scheint ihm nicht weniger schädlich: „Die Dressur wird immer allgemeiner und umfassender. Ihr armen Wesen, die Ihr so glücklich leben könntet, wenn Ihr nach Eurem Sinne Sprünge machen dürftet, Ihr sollt nach der Pfeife der Schulmeister und Bärenführer tanzen, um Kunststücke zu machen, zu denen Ihr selbst Euch nimmermehr gebrauchen würdet. Und Ihr schlagt nicht endlich einmal dagegen aus, daß man Euch immer anders nimmt, als Ihr Euch geben wollt. Nein, Ihr sprecht Euch die vorgesprochene Frage mechanisch selbst vor: ‚Wozu bin Ich berufen? Was *soll* Ich?‘ So braucht Ihr nur zu fragen, um Euch *sagen* und *befehlen* zu lassen, was Ihr sollt, euren *Beruf Euch* vorzeichnen zu lassen, oder auch es Euch selbst nach der Vorschrift des Geistes zu befehlen und aufzuerlegen. Da heißt es denn in Bezug auf den Willen: Ich *will*, was Ich *soll*.“[244]

Stirners Auffassungen über Erziehung stehen in allerdeutlichstem Kontrast nicht nur zur religiösen Erziehung, sondern auch zur Pädagogik der Aufklärung, zur „Schwarzen Pädagogik“,[245] zu Hegel, der ebenfalls ihr „Hauptmoment“ darin sieht, „den Eigenwillen des Kindes zu brechen“,[246] und auch zu Rousseau, dessen Maxime bekanntlich lautete: „Zweifellos darf es [das Kind] tun, was es will, aber es darf nur das wollen, von dem ihr wünscht, daß es es will.“[247] Brutale und subtile Repression stehen gleichermaßen im Gegensatz zu Stirners Hauptanliegen, daß „der Wille, der bisher so gewalttätig unterdrückte, nicht länger geschwächt werden [darf]“; denn hinterher sei alles Bemühen vergeblich: „Kein noch so gründliches und ausgebreitetes Wissen, kein Witz und Scharfsinn, keine dialektische Feinheit

242 EE 70ff.
243 EE 335.
244 EE 365f.
245 Rutschky 1977.
246 Hegel 1976, 326 (§ 173).
247 Rousseau, Jean-Jacques: *Emile oder Über die Erziehung*, Stuttgart 1968, 265f.

bewahrt uns vor der Gemeinheit des Denkens und Wollens [...] Was sind unsere geistreichen und gebildeten Subjekte größtenteils? Hohnlächelnde Sklavenbesitzer und selber – Sklaven."[248]

Große Schwierigkeiten beim Verständnis von Stirners Gedanken hat stets das bereitet, was sich als „deontisches Paradoxon" bezeichnen ließe, der Imperativ, keinem Imperativ zu folgen. Es ist bei Stirner in verschiedenen Formen stets präsent. Wenn er z.B. schreibt, die Empörung ginge „von der Unzufriedenheit der Menschen mit sich aus",[249] so heißt das, daß sie damit unzufrieden seien, unzufrieden mit sich zu sein – im Gegensatz zum Religiösen, der (masochistisch) zufrieden damit ist, unzufrieden mit sich zu sein.[250] Die logischen und begrifflichen Zwickmühlen, in die man bei Stirner leicht gerät, gründen aber nicht in Paradoxien der Theorie, sondern in der paradoxen Praxis des Objekts der Theorie, „des selbstverleugnenden Egoisten, des Selbstpeinigers": das Urparadoxon ist das des Masochisten, der Lust in Unlust sucht.

In einem späteren Artikel schreibt Stirner, es sei ein „komische[s] Mißverständnis ..., in dem ‚Egoismus' Stirners ein ‚Dogma', einen ernstlich gemeinten ‚kategorischen Imperativ', ein ernstlich gemeintes ‚Soll' zu finden", meint jedoch, „es liegt ein gewichtiges ‚Deshalb', eine gewaltige Folgerung in dem Buche, die freilich oft zwischen den Zeilen zu lesen, aber den Philosophen gänzlich entgangen ist".[251] Worum könnte es sich dabei handeln?

Anstelle des nur formalen Imperativs „Werde Eigner!" bzw. „Empöre Dich!", den Stirner wegen seiner inhaltlichen Sinnlosigkeit freilich nie aussprach und nicht meinen konnte, läßt sich dieses „Deshalb" aufgrund seiner Analyse der erzieherischen Schädigung der Fähigkeit zur Empörung interpretieren als Aufforderung zur größtmöglichen Abstinenz bei der Vermittlung des „Hauptingredienz unserer Erziehung". Dies freilich erfordert ein gewisses Maß an Empörung des Erziehers.

Durch diesen Verweis auf Praxis erledigen sich einige theoretische Probleme im Zusammenhang mit dem Stirnerschen Begriff der Empörung und seiner These: „Möglichkeit und Wirklichkeit fallen immer zusammen. Man kann nichts, was man nicht tut, wie man nichts tut, was man nicht kann." Die Frage, warum er dieser Problematik etliche Seiten widmet, stellt und beantwortet Stirner selbst: „Hielte sich nicht der folgenreichste Mißverstand von Jahrtausenden dahinter versteckt, spukte nicht aller Spuk der besessenen Menschen in diesem einzigen Begriffe des Wörtleins ‚möglich' ..."[252] Es geht um das Problem der Setzung von Idealen.

248 KS 254, 249, 251.
249 EE 354.
250 Vgl. EE 201f.
251 KS 410, 413.
252 EE 369f.

Der Eigner ist also im strengen Sinn nicht, wie oben provisorisch gesagt, ein „erreichbares" Ideal. Wer sich empören kann, empört sich ohne Imperativ, wer es nicht kann, kann es auch mit Imperativ nicht; mehr noch: Empörung ist als permanenter Prozeß zu verstehen, als Charakterzug des Eigners sozusagen, nicht als einmaliger Akt einer Metamorphose. Bedürftigkeit und Unfähigkeit zur Empörung fallen also ebenso in eins wie Nicht-Bedürftigkeit und Fähigkeit. So ausweglos ist die Lage allerdings nur in der reinen Theorie, deren Potenz sich vornehmlich „[i]n negativer Weise" darstellt, „durch seine [Stirners] scharfe, unwiderstehliche Kritik, mit der er alle Illusionen des Idealismus analysiert, alle Lügen uneigennütziger Hingebung und Aufopferung enthüllt".[253] Die oben angedeutete Praxis ist, was hier nicht mehr im einzelnen ausgeführt werden kann, mit der Gesamtstruktur der Theorie durchaus verträglich.

Der Verein

Das Problematische am Begriff des „Eigners" ist seine Neigung, zum Begriff eines „wahren Menschen" oder zu einer trivialen Bedeutung hin abzukippen, gewissermaßen seine „Labilität": er soll aber weder der ideale noch der real existierende Mensch sein und nur eine „Nicht-Eigenschaft" haben, die Nicht-Besessenheit von Heiligem (Ideellem) oder Unheiligem (Materiellem). Eine entsprechende Labilität zeigt sich beim Begriff des „Vereins": er soll weder ein sozialistisch-kollektivistischer noch ein liberalistisch-individualistischer Staat sein, sondern eher der „Nicht-Staat", denn „[j]eder Staat ist eine *Despotie*, sei nun Einer oder Viele der Despot, oder seien, wie man sich's wohl von einer Republik vorstellt, Alle die Herren".[254]

„Was soll jedoch werden?" fragt Stirner selbst. „Soll das gesellschaftliche Leben ein Ende haben ...? Als ob nicht immer Einer den Andern suchen wird, weil er ihn *braucht*, als ob nicht Einer in den Andern sich fügen muß, wenn er ihn *braucht*. Der Unterschied ist aber der, daß dann wirklich der Einzelne sich mit dem Einzelnen *vereinigt*, indes er früher durch ein Band mit ihnen *verbunden* war".[255]

Um den wichtigen Unterschied zwischen Verein und Verband zu verstehen, ist auf Stirners Kategorie des „Heiligen" zurückzugreifen, das ja ein genuin kollektives Phänomen ist. *„Alles Heilige ist ein Band, eine Fessel"*,[256] sagt er. Im gemeinsamen Heiligen, modern gesprochen: in der Identifikation aufgrund gleicher Über-Ich-Inhalte, sieht Stirner das wesentliche Prinzip des Zusammenhalts der verschiedensten Menschengruppen in der bis-

---

[253] KS 413.
[254] EE 215.
[255] EE 150.
[256] EE 237.

herigen Geschichte. Seit diese Gruppen in näheren Kontakt miteinander gekommen sind, hätten sie meist danach „gestrebt, eine Gemeinschaft ausfindig zu machen, worin ihre sonstigen Ungleichheiten ‚unwesentlich' würden; sie strebten nach Ausgleichung, mithin nach *Gleichheit*, und wollten Alle unter Einen Hut kommen, was nichts geringeres bedeutet, als daß sie Einen Herrn suchten, Ein Band, Einen Glauben ... Etwas Gemeinschaftlicheres oder Gleicheres kann es für die Menschen nicht geben, als den Menschen selbst, und in dieser Gemeinschaft hat der Liebesdrang seine Befriedigung gefunden ... Gerade unter dieser Gemeinschaft aber wird der Verfall und das Zerfallen am schreiendsten."[257]

Obwohl also „[d]ie Weltgeschichte zeigt, daß noch kein Band unzerrissen blieb, ... sinnt man verblendet wieder und wieder auf neue Bande [...] [und] wähnt bis auf den heutigen Tag, ‚heilige Bande' brauche der Mensch"[258] – die einschlägige Lehrmeinung lautet auch 1982: „Ohne das Korsett der kulturellen Regeln könnten wir gar nicht leben."[259] Stirner sieht jedoch neben dieser Kontinuität auch einen echten historischen Fortschritt, die Erstarkung des gegen die heiligen Gesellschaften einschließlich den modernen Staat gerichteten Egoismus der Einzelnen: „Schlich sich einmal ein egoistisches Interesse ein, so war die Gesellschaft ‚verdorben' und ging ihrer Auflösung entgegen, wie z.B. das Römertum beweist mit seinem ausgebildeten Privatrecht, oder das Christentum mit der unaufhaltsam hereinbrechenden ‚vernünftigen Selbstbestimmung', dem ‚Selbstbewußtsein', der ‚Autonomie des Geistes' usw."[260]

Der Mensch steht laut Stirner nach seiner sozialen Entwicklung vom sittengebundenen Stammesleben zum sittlichkeitsgebundenen Staatsleben nunmehr vor einer „neuen Geschichte, einer Geschichte des Genusses nach der Geschichte der Aufopferungen",[261] vor einem Leben als Eigner in Vereinen.

„Nein", ruft Stirner aus, „die Gemeinschaft, als das ‚Ziel' der bisherigen Geschichte, ist unmöglich [...] Jede Gemeinschaft hat, je nach ihrer Machtfülle, den stärkeren oder schwächeren Zug, ihren Gliedern eine *Autorität* zu werden ... Sie besteht nur durch *Untertänigkeit*. Dabei braucht keineswegs eine gewisse Toleranz ausgeschlossen zu sein, im Gegenteil ..." Der „Verein von Egoisten" hingegen ist etwas qualitativ anderes. Ihn „hält weder ein natürliches noch ein geistiges Band zusammen, und er ist kein natürlicher, kein geistiger Bund. Nicht ein Blut, nicht ein Glaube (d.h. Geist) bringt ihn zu Stande." Er sei kein Staat, kein status, sondern „stets

257 EE 151f.
258 EE 237.
259 Z.B. Eibl-Eibesfeldt, Irenäus: *Süddeutsche Zeitung*, 24.7.1982, 127.
260 EE 232f.
261 EE 198.

flüssige Vereinigung allen Bestandes", „ein unaufhörliches Sich-Vereinigen".[262]

Stirner kritisiert zwar ausgiebig die verschiedenen Staatsformen, macht aber über den Verein von Egoisten verständlicherweise nur wenige inhaltliche Aussagen. Er spricht z.B. von einer „geschlossene[n] Übereinkunft ... aus *Eigennutz*",[263] nicht aber über ein Pendant zum staatlichen Zivilrecht im Verein, das er jedoch impliziert (vgl. Entheiligung des Rechts vorn). Im Übrigen meint er, daß „[i]n Bezug ... auf die *Freiheit* ... Staat und Verein keiner wesentlichen Verschiedenheit [unterliegen] ... Allerdings wird der Verein sowohl ein größeres Maß an Freiheit darbieten, als auch namentlich darum für eine ‚neue Freiheit' gehalten werden dürfen, weil man durch ihn allem dem Staats- und Gesellschaftsleben eigenen Zwange entgeht; aber der Unfreiheit und Unfreiwilligkeit wird er gleichwohl noch genug enthalten." Ganz anders jedoch verhalte es sich in Bezug auf die „Eigenheit". Hier sei „der Unterschied zwischen Staat und Verein groß genug."[264]

Kurzum, der wesentliche Unterschied zwischen dem fortgeschrittensten Staat, dem liberalistischen, und dem Verein liegt im „Charakter ihrer Mitglieder, [denn dieser] bestimmt den Charakter einer Gesellschaft."[265] Dieser Unterschied wurde vorn als der zwischen falschem und echtem Liberalismus bezeichnet.

2. *Resümee*

Im 1. Resümee, das nach Einführung des Begriffs der Einzigkeit gezogen wurde, konnte bereits ein Abriß der Theorie Stirners gegeben werden. Sofern sie Philosophie sei, hieß es dort, sei sie Metaphilosophie und stimme in ihrem pragmatischen Wahrheitskonzept und in der Betonung der Wertautonomie des Einzelnen mit einer Reihe moderner Philosophien bzw. Wissenschaftstheorien zunächst im Grundsatz überein. Zur Wertautonomie aber mache Stirner eine empirische Aussage: „Ihr seid autonom und Ihr seid's nicht." Die Paradoxie dieser Aussage, wurde gesagt, beruhe auf der ubiquitären Verleugnung einer an sich trivialen Tatsache, der „Einzigkeit" eines jeden. Die dem 1. Resümee folgenden Kapitel sollten, zusammen mit der Einführung und Erklärung weiterer spezifischer Begriffe, zeigen, womit Stirner diese empirische Aussage belegt. Dieses 2. Resümee bezieht sich auf den Inhalt dieser Kapitel und soll Stirners Position weiter verdeutlichen.

262 EE 348, 343, 349, 246, 342.
263 EE 351.
264 EE 344.
265 EE 231.

Die Stirnersche Schlüsselkategorie in diesem 2. Abschnitt der Darstellung seiner Theorie heißt „Besessenheit". Mit ihr wurde expliziert und bekräftigt, daß die Verleugnung der eigenen „Einzigkeit" primär nicht ein kognitiver, sondern ein affektiver Sachverhalt ist. „Besessenheit" ist der Gegenbegriff zu „Egoismus" und bezeichnet eine Beziehung zu „unheiligen" Objekten (z.B. Suchtmittel) bzw. „heiligen" Objekten (z.B. Gott), in der das Ich sich von seinen Objekten beherrschen läßt. So gefaßt, stellt sich heute dem Betrachter der empirischen Geschichte nicht mehr die Frage, ob „Besessenheit" die Grundbefindlichkeit des Menschen war und ist, sondern nur noch die, wie bzw. ob es überhaupt begründbar sei, sie *nicht* als anthropologische Konstante aufzufassen.

Stirner durchhieb diesen „gordischen Knoten" der Theorie durch seine Version einer „Philosophie der Tat", die nicht mehr bloß Agitation Dritter (z.B. Arbeiterklasse) ist. „Empörung" sei eine Sache des Ich im Hier und Jetzt; „Besessenheit" könne sukzessive abgebaut werden, denn sie werde nicht biologisch, sondern erzieherisch „vererbt" bzw. verursacht.

Wegen seiner kompromißlosen Verurteilung gerade der „Besessenheit vom Heiligen" sähe sich Stirner auch heute einer Einheitsfront gegenüber. Nur formal haben sich die Argumente gewandelt: Obwohl es einen Gott freilich nicht gäbe, sei es aber für das soziale Leben eine „nützliche Fiktion", so zu tun, „als ob" es einen gäbe; ohne das „kulturelle Korsett", das hätten ausgedehnte Forschungen ergeben, sei der Mensch überhaupt nicht lebensfähig; die lange Abhängigkeit des menschlichen Kindes von seinen Eltern bedinge quasi naturgesetzlich jenes „Höhere im Menschen", das auch seine Kehrseite haben mag; so oder ähnlich lauten die Versuche, nach dem „Tod Gottes" eben „wissenschaftlich" etwas zu rechtfertigen, was über Jahrtausende hinweg keiner Rechtfertigung bedurfte. Sie zeigen, daß die Schwierigkeiten der Menschen, aus ihrer „Vorgeschichte" auszutreten, weitaus größer sind als von vielen Fortschrittlern des 19. und 20. Jahrhunderts angenommen wurde.

Selbst im Pseudoliberalismus zeigen sich auch heute kaum Tendenzen, das „Heilige" wenigstens konzeptionell zu bewältigen. Man ist im Grunde nicht über den Standpunkt hinaus, den Stirner so charakterisierte: „In roheren Zeiten, als die unseren sind, pflegte man einen bestimmten Glauben und die Hingebung an ein bestimmtes Heiliges zu verlangen und ging mit den Andersgläubigen nicht auf's sanfteste um; ... [im Liberalismus] genügte es der humanen Toleranz, wenn nur Jeder ‚ein Heiliges' verehrte."[266]

Gewiß tendiert die Relativierung des „Heiligen", die Einsicht in die Beliebigkeit der Wertsysteme, zur Forderung einer Einheitsethik. Aber damit könnten ja bestenfalls nur Probleme bewältigt werden, die sich aus der Kollision der verschiedenen Ethiken ergeben; unangetastet blieben jene, die

---

266 EE 310.

jeder Ethik immanent sind. Eine Entwicklung vom ethischen Pluralismus zu einem neuen ethischen Monismus wäre nach Stirner ein Verbleiben in der gesellschaftlichen Organisation des „Verbandes", die für die unaufgeklärte Gesellschaft typisch ist; einer aufgeklärten Gesellschaft gemäß sei der „Verein", in dem es keine Ethik mehr gibt, sondern nur Verkehrs-Regeln (im weitesten Sinn).

So wie die „Besessenheit vom Heiligen" noch immer als wertvollster Besitz des Menschen, der ihn über das Tier erhebt, verklärt wird, so gilt auch sein Hang zur Selbstpeinigung als Tugend o.ä. – beides freilich unter euphemistischen Namen und in mannigfachen Erscheinungsformen. In der empirischen Erforschung dieser und damit zusammenhängender menschlicher Spezifika, die in Stirners Kritik an zentraler Stelle stehen, hat die Psychoanalyse Bedeutendes geleistet. Ihre „Kulturdebatte" jedoch, die durch Freuds Annahme eines primären Masochismus („Todestrieb") ausgelöst worden war, geriet weitgehend zu einer „Verdrängung" des kulturkritischen Potentials ihrer empirischen Befunde.

Hier ist an die beiden Vetos zu erinnern, die Hegel gegen den aufklärerischen Illusionismus eingelegt hat. Das Problem, ob sich auf der empirischen Basis des „unvernünftigen" Menschen der „vernünftige" Mensch überhaupt realistisch konzipieren läßt, stellte sich für die medizinische Psychoanalyse zunächst als Frage nach den Kriterien von „Heilung" bzw. „Gesundheit", die aus einer empirischen Welt zu entwickeln gewesen wären (bzw. noch sind), in der „Krankheit" normal ist. Ihre orthodoxe Richtung verfuhr letztlich im Prinzip wie Hegel: Angepaßtheit eines Menschen an diejenige Gesellschaft, in die er zufällig geboren worden ist, wurde Gesundheitskriterium, ein ebenso zufälliges Wertsystem zum Maßstab für triebsublimierende Aktivität.[267]

Gegen die anthropologische Position Hegels bildeten sich seinerzeit zwei Gegenpositionen: Feuerbach/Bauer nahmen die vorhegelsche aufklärerische Position wieder ein und setzten einen „vernünftigen" Menschen; Stirner nahm die hier dargestellte Weder-Noch-Position ein. (Marx vertrat nach ihnen ein Konglomerat aus diesen drei Positionen). – In der Psychoanalyse gab es eine analoge Konstellation: Gegen die biologistische Position der Orthodoxie bildete sich eine soziologistische Position und eine des Weder-Noch. Letztere ist hier von besonderem Interesse. Sie wurde einzig von Wilhelm Reich mit seinem Konzept der Selbstregulierung vertreten. Ihm ist im folgenden, um Stirners Weder-Noch-Position zu verdeutlichen und zu vertiefen, ein eigenes Kapitel gewidmet.

Der Psychoanalytiker Otto Groß (1877–1920) hat in verschiedenen Artikeln (1908: *Elterngewalt*; 1913: *Die Einwirkung der Allgemeinheit auf*

---

[267] Vgl. dazu: Hoffmann, Sven Olaf: *Charakter und Neurose. Ansätze zu einer psychoanalytischen Charakterologie*, Frankfurt/M. 1979.

das Individuum; 1914: *Vom Konflikt des Eigenen und des Fremden*)[268] als erster aus den Erkenntnissen der noch jungen Psychoanalyse die Möglichkeit der „individuellen Selbstregulierung“[269] abgeleitet, ist aber zu einer detaillierten Fundierung dieses Konzepts nicht mehr gekommen.

---

268 Neuabdruck in: Gross, Otto: *Von geschlechtlicher Not zur sozialen Katastrophe*, Frankfurt/M. 1980.

269 Ebd., S. 10.

„Ausgewählte Kapitel“ der Stirner-Rezeption

Die Rezeption des *Einzigen* wurde bereits einleitend in groben Zügen skizziert und kommentiert. Wenn jetzt abschließend noch einmal die Stirner-Rezeption zur Sprache kommen soll, so geht es dabei nicht eigentlich um diese. Die „Ausgewählten Kapitel“ sollen vielmehr zur Erhellung bestimmter Aspekte der Theorie Stirners dienen und/oder auf wichtige Beziehungen zu anderen Theorien hinweisen.

Der Bezug zwischen dem *Einzigen* und den Werken von Marx, Gesell und Reich, die im folgenden in chronologischer Folge angesprochen werden, ist sehr unterschiedlich. *Karl Marx* hat nie öffentlich zum *Einzigen* Stellung genommen; seine extensive Stirner-Rezeption wurde erst aus nachgelassenen Manuskripten und Briefen bekannt und selten kritisch untersucht. *Silvio Gesell* bezieht sich nur beiläufig auf Stirner; seine Wirtschaftstheorie wurde jedoch in den 20er Jahren, in der Blütezeit des Stirnerianismus, als kongenial zur Theorie Stirners und als deren notwendige Ergänzung angesehen. Auch *Wilhelm Reich* erwähnt Stirner namentlich nur selten; seine Psychologie, besser: Anthropologie, scheint dennoch die geeignetste zu sein, um noch Unklares am Stirnerschen Begriff des Eigners zu klären.

Inhaltlich kann hier auf die Theorien von Marx, Gesell und Reich freilich nur sehr pauschal eingegangen werden. Insofern können diese „Ausgewählten Kapitel“ nur vermittelnde Dienste leisten.

Karl Marx

Friedrich Engels (1820–1895) hinterließ bei seinem Tod u.a. einen Stapel Manuskripte, die er und Karl Marx (1818–1883) in den Jahren 1845/46 verfaßt hatten. Dieser Text, der vollständig erstmals 1932 unter dem Titel *Die Deutsche Ideologie* veröffentlicht wurde, gilt allgemein deshalb als besonders bedeutsam, weil er die erste Formulierung des sog. historischen Materialismus enthält. Die dafür relevanten Passagen befinden sich im ersten Kapitel, das etwa ein Zehntel des Gesamtumfangs ausmacht. Marxistische und nichtmarxistische Marxforscher befaßten sich bisher hauptsächlich mit diesem „Feuerbach-Teil“ und ließen den größten Teil des Buches, die zwei Drittel des Textes umfassende Stirner-Kritik „Sankt Max“, weitgehend außer Acht. Sie hielten sich damit pietätvoll an Weisungen der „Klassiker“, denn Marx und Engels haben den Einfluß Stirners auf ihr Denken bis zur buchstäblichen Nullität bagatellisiert. Trotz Vorliegen des geradezu monströsen Stirner-Teiles hat man ihnen, von wenigen Ausnahmen abgesehen, bis heute aufs Wort geglaubt.

Welcher der beiden Autoren Marx und Engels für welchen Teil der *Deutschen Ideologie* verantwortlich ist, konnte nicht mehr geklärt werden. Unbestritten und auch von Engels bestätigt ist jedoch, daß Marx der Urheber des Konzeptes des historischen Materialismus ist. Wahrscheinlich ist, wie die nachfolgend dargestellte Entstehungsgeschichte des Manuskripts und dessen Stil belegen, daß Marx auch für die Stirner-Polemik die überwiegende Verantwortung trägt. Deshalb wird, dem Usus anderer Autoren folgend, hier später oft nur von Marx gesprochen, obwohl Marx und Engels als offizielle Verfasser der *Deutschen Ideologie* figurieren.

Marx und Stirner haben sich nie persönlich kennengelernt, und Marx hatte zunächst keine spezielle Meinung über Stirner. Für ihn war Stirner einer der Berliner Junghegelianer des Kreises um seinen Freund und Mentor Bruno Bauer. Als Bauer beim preußischen Kultusministerium in Ungnade fiel und man ihm die Professur verweigerte, die auch Marx' akademische Karriere hatte sichern sollen, brach Marx mit Bauer, wurde im Oktober 1842 Chefredakteur der *Rheinischen Zeitung* in Köln und unterband dort sofort die bisherige publizistische Mitarbeit der Berliner Junghegelianer, Stirner pauschal eingeschlossen.

Als eigenständigen Kopf bemerkte Marx Stirner erst, als er im Sommer 1844, nunmehr im Pariser Exil, dessen Artikel über Eugène Sues Roman *Die Mysterien von Paris* mit Engels offenbar recht intensiv diskutierte. (Brief 19.11.44, p. 11) Stirner nahm darin nämlich einen ausgesprochen neuen und zudem unerhörten Standpunkt ein: Die Helden der Tugend kritisiert er allen Ernstes ebenso unerbittlich wie die Helden des Lasters. Sein Urteil über die Essenz des „sozialkritischen" Epos: „Die ganze Collision besteht darin, dass ein Paar Bornirte es mit einander zu thun haben, borniert beide durch den Wahn des Guten und Bösen." (KS 288) Marx imponierte dieser Standpunkt „jenseits von gut und böse" so, daß er ihn für seine umfangreichste literarische Analyse, die er nun schrieb, übernahm. Seine Sue-Kritik, viel weitschweifiger als Stirners, baute er in seine Polemik gegen „Bruno Bauer und Konsorten" ein, in sein Buch *Die Heilige Familie* also, eine Gruppenabrechnung mit der Berliner „Kritik", die einzig Stirner ganz verschont. Erst ein knappes Jahr später wird Marx in „Sankt Max" einen weitaus gefährlicheren Gegner als „Sankt Bruno" und die anderen Mitglieder der „Heiligen Familie" erkennen. Wie kam es dazu?

Marx' innere Verfassung in dieser Zeit, ca. 1840–45, muß sehr prekär gewesen sein. Daß es darauf ankommt, die Welt nicht nur zu interpretieren, sondern sie zu verändern, war der generelle Imperativ der junghegelianischen „Neuen Aufklärung", die von der Hegelschen „Philosophie der Versöhnung" zu einer „Philosophie der Tat" schreiten wollte. Der junge Marx scheint unter dieser moralischen Forderung besonders gelitten zu haben: er sei „ein ganz verzweifelter Revolutionär", schrieb 1841 sein Freund und Förderer Georg Jung an Ruge. Marx selbst schrieb im Mai 1843 einen fatalistisch klingenden Brief an Ruge, in dem er vom „Tierreich“ und „hirnlosen Wesen“ sprach, wo er Volk und reale Menschen meinte: „Der einzige Gedanke des Despotismus ist die Menschenverachtung, der entmenschte Mensch, und dieser Gedanke hat vor vielen anderen den Vorzug, zugleich Tatsache zu sein.“[270]

Aus dieser verzweifelten seelischen Situation befreite sich Marx mit einem ideologischen Kunstgriff: er verschmolz kurzerhand seine Intentionen, also die der „Neuen Aufklärung“, mit denen der aufkommenden Arbeiterbewegung. Anfang 1844 prägte er dazu eine seiner typischen Sentenzen: „Wie die Philosophie im Proletariat ihre *materiellen*, so findet das Proletariat in der Philosophie seine *geistigen* Waffen.“[271] Dies schien ihm der Ausweg. Wenig später, im Juni 1844, bestärkte ihn der schlesische Weberaufstand in seiner Auffassung. Erstmalige Kontakte mit Arbeitern in Paris im Sommer 1844 verleiteten ihn zu Schwärmereien: „Die Brüderlichkeit der Menschen ist keine Phrase, sondern Wahrheit bei ihnen, und der Adel der Menschheit leuchtet uns aus den von der Arbeit verhärteten Gestalten entgegen.“[272] Der Fatalismus schien besiegt.

In dieser euphorischen Stimmung besuchte ihn Ende August 1844 Friedrich Engels, dem er zuvor nur flüchtig begegnet war. Engels hatte Marx Anfang des Jahres durch eine Arbeit, die Marx später als „geniale Skizze zur Kritik der ökonomischen Kategorien“[273] bezeichnete, zur Aufnahme nationalökonomischer Studien veranlaßt. Jetzt, zu Beginn seiner Freundschaft mit Engels, unterbrach Marx diese Studien, und beide beschlossen, gewissermaßen als Schlußstrich unter ihre gemeinsame junghegelianische Vergangenheit, eine „Kritik der kritischen Kritik“ (*Die Heilige Familie*), eine Polemik gegen „Bruno Bauer und Konsorten“ zu schreiben.

Engels kannte den 14 Jahre älteren Stirner persönlich aus der Zeit um 1841, als beide – Marx hatte Berlin schon verlassen – bei den Berliner „Freien“ verkehrten. Damals verfaßte er ein *Christliches Heldengedicht in vier Gesängen*, in dessen drittem er – übrigens mit beachtlicher Treffsicherheit – neben anderen „Freien“ auch Stirner und Marx charakterisierte:

Stirner: „Seht Stirner, seht ihn, den bedächt'gen Schrankenhasser, / Für jetzt noch trinkt er Bier, bald trinkt er Blut wie Wasser. / So wie die andern schrein ihr wild: à bas les rois! / Ergänzet Stirner gleich: à bas aussi les lois! / … / Doch Stirner würdevoll: ‚Wer bindet ihm den Willen? / Wer will hier ein Gesetz aufdrängen uns durch Brüllen? / Den Willen bindet ihr, ihr wagt's und nennt euch frei, / Wie seid ihr eingelebt noch in die Sklaverei!“

270 MEGA 1,1,1, 562.
271 MEW 1, 391.
272 MEW Erg.bd 1, S. 554.
273 MEW 13, 10; vgl. a. MEW 1, 499–524.

Marx: „Er gehet, hüpfet nicht, er springet auf den Hacken / Und raset voller Wut, und gleich, als wollt' er packen / Das weite Himmelszelt, und zu der Erde ziehn, / Streckt er die Arme sein weit in die Lüfte hin. / Geballt die böse Faust, so tobt er sonder Rasten, / Als wenn ihn bei dem Schopf zehntausend Teufel faßten."

Während seines 10-tägigen Besuchs bei Marx in Paris Ende August 1844 schrieb Engels nur etwa ein Zehntel des geplanten gemeinsamen Buches. Er fuhr nach Barmen zurück und stürzte sich „bis über die Ohren in englische Zeitungen und Bücher". Des theoretischen Gerangels mit den Junghegelianern überdrüssig arbeitete er an seinem Buch über die Lage der englischen Arbeiter, in dem er „den Engländern ein schönes Sündenregister zusammenstellen" wollte, aber auch auf „die deutsche Bourgeoisie [zielte], der ich deutlich genug sage, sie sei ebenso schlimm wie die englische ..."[274] Marx schrieb indessen *Die Heilige Familie* fast allein, in der er bereits prophezeite: „Das Privateigentum treibt allerdings sich selbst in seiner nationalökonomischen Bewegung zu seiner eigenen Auflösung fort [...] Das Proletariat ist ... gezwungen, sich selbst und damit seinen bedingenden Gegensatz, ... das Privateigentum, aufzuheben."[275] Erklärter Zweck des Buches ist die Verteidigung des „realen Humanismus" Feuerbachs gegen seinen „gefährlichsten Feind", den „spekulativen Idealismus" der Junghegelianer um Bruno Bauer, Stirner stillschweigend ausgenommen.

An dieser Stelle ist auf den noch unbekümmerten moralisierenden Standpunkt von Marx und Engels hinzuweisen, und zwar, weil sie ihn nach ihrer Stirner-Rezeption sorgfältigst kaschieren werden. Sie werden keine Menschheitsideale mehr postulieren, sondern mit „historischen Notwendigkeiten" argumentieren. Sie werden zeitlebens damit beschäftigt sein, ihre vermeintliche Beförderung des Sozialismus „von der Utopie zur Wissenschaft" durch vor allem ökonomische Studien theoretisch zu untermauern und durch parteipolitische Aktivitäten praktisch zu bestätigen.

*

Die Auslieferung von Stirners Buch beginnt bereits mit dem 20. Oktober 1844. Engels berichtet Marx in einem Brief vom 19. November 1844 über die Lektüre: „Das Prinzip des edlen Stirner", also sein spezifischer Egoismus, sei „nur das zum Bewußtsein gebrachte Wesen der jetzigen Gesellschaft und des jetzigen Menschen", sei „das letzte, was die jetzige Gesellschaft gegen uns sagen kann", sei „die Spitze aller Theorie innerhalb der bestehenden Dummheit", sei schließlich „so auf die Spitze getrieben, so toll und zugleich so selbstbewußt, daß er in seiner Einseitigkeit sich nicht einen

---

274 MEW 27, 9–13.
275 MEW 2, 37.

Augenblick halten kann, sondern gleich in Kommunismus umschlagen muß." Und er betont: „Was an dem Prinzip wahr ist, müssen wir auch aufnehmen." Er nennt Stirners Feuerbach-Kritik. Engels' Ausführungen sind nicht so klar, daß sie sich in Kurzfassung wiedergeben lassen. Seine Ambivalenz gegenüber Stirners Buch kommt auch in einer diffusen Faszination zum Ausdruck, die er sogleich dementiert: „Übrigens langweilt mich all dies theoretische Geträtsch alle Tage mehr ..."

Marx, der Stirners *Einzigen* Ende November liest, schreibt daraufhin dem verunsicherten Engels seine Meinung über das Buch. Auf diesen leider nicht erhalten gebliebenen Brief antwortet Engels ihm am 20. Januar 1845: „Was den Stirner betrifft, so bin ich durchaus mit Dir einverstanden. Als ich Dir schrieb, war ich noch zu sehr unter dem unmittelbaren Eindruck des Buchs befangen; seitdem ich es hab' liegenlassen und mehr durchdenken können, find' ich dasselbe, was Du findest. Heß ... ist nach einigen Meinungsschwankungen ebendahin gekommen wie Du; er las mir einen Artikel über das Buch vor, den er bald drucken lassen wird, worin er, ohne Deinen Brief gelesen zu haben, dasselbe sagt." Marx' Meinung über Stirner, die er sich nach der ersten Lektüre gebildet hat, läßt sich also, unter Vorbehalt, in ihren Grundsätzen der Schrift *Die letzten Philosophen* von Moses Hess entnehmen. Marx, der noch im Dezember des Vorjahres eine eigene Stirner-Rezension schreiben sollte, hält dies jetzt jedenfalls nicht mehr für erforderlich. Die Hesssche Broschüre als Ergänzung zur *Heiligen Familie*, die gerade im Druck ist, scheint ihm für eine Beendigung der Auseinandersetzung mit den Junghegelianern zu genügen.

Marx nimmt seine ökonomischen Studien wieder auf und schließt am 1. Februar 1845 mit dem Darmstädter Verleger C.W. Leske einen Vertrag über eine geplante 2-bändige *Kritik der Politik und Nationalökonomie*. Etwa zur gleichen Zeit wird er wegen seiner journalistischen Tätigkeit aus Frankreich ausgewiesen und siedelt nach Brüssel um, wohin ihm Anfang April 1845 Engels folgt.

Im März 1845 schreibt Marx seine „Thesen über Feuerbach" in sein Notizbuch; dem kurze Zeit später in Brüssel eintreffenden Engels setzt er bereits jenes Konzept auseinander, das dieser später als „genialen Keim der neuen Weltanschauung"[276] bezeichnet hat. Ein Artikel, den Engels zu dieser Zeit schreibt,[277] enthält genaue Angaben über die literarischen und politischen Pläne der beiden Freunde, darunter jedoch nicht den geringsten Hinweis auf ein Projekt, wie es die *Deutsche Ideologie* bald sein wird. Bauer und jetzt auch Stirner werden zwar als „einzige bedeutende philosophische Gegner des Sozialismus" erwähnt, aber: „Die Herren Marx und Engels haben eine ausführliche Widerlegung der von Bruno Bauer verteidigten Prin-

---

276 MEW 21, 264.
277 MEW 2, 519.

zipien veröffentlicht; und die Herren Heß und Bürgers sind dabei, die Theorie von Max Stirner zu widerlegen." (Hess' Schrift erscheint im Juni 1845.) Die gelegentlichen Bemerkungen über Stirner in Engels' *Lage der arbeitenden Klasse in England*, das Ende Mai 1845 erscheint, verraten ein Verständnis des *Einzigen*, das kaum auf theoretische Verunsicherung schließen läßt, z.B.: „Wie Freund Stirner sehen die Leute einander nur für brauchbare Subjekte an; jeder beutet den andern aus."[278] Im Juli und August bereisen Marx und Engels England, um dort „die für ihre Arbeiten nötigen Untersuchungen an Ort und Stelle zu vervollständigen", denn sie wollen „binnen kurzem ein Werk über Nationalökonomie dem Publikum übergeben."[279]

Daraus wird jedoch für lange Zeit nichts werden, denn Marx und Engels werfen plötzlich, nach ihrer Rückkehr aus England Anfang September 1845, alle ihre Pläne um. Marx arbeitet nicht mehr an dem Buch über Nationalökonomie, das „mit großer Spannung im Publikum erwartete Werk",[280] das ihm auch selbst so sehr am Herzen lag. Er läßt den Vertrag mit Leske platzen, obwohl ihm mehrfach Terminverlängerung eingeräumt wurde. Trotz chronischen Geldmangels nimmt er in Kauf, den Honorarvorschuß zurückzahlen zu müssen. Engels vollzieht eine gleichermaßen überraschende Wende: er wertet das Material nicht aus, das sie auf ihrer Englandreise gesammelt haben, und befaßt sich plötzlich wieder mit dem ihn angeblich schon so lange anödenden „theoretischen Geträtsch". Beide widmen sich geradezu fieberhaft einer Arbeit, die sie trotz allen Aufwandes nach einigem Hin und Her am Ende unpubliziert lassen werden. Diese Arbeit, die für Marx und Engels ab September 1845 höchste Priorität hat, ist *Die Deutsche Ideologie*.

Was war geschehen? Das Ereignis, das Marx und Engels veranlaßte, alle wichtigen und langfristig geplanten Projekte abrupt abzubrechen, wurde nur selten genannt, obwohl darüber kaum Zweifel möglich sind. Anlaß für die so unerwartet wieder aufgenommene „Kritik der neuesten deutschen Philosophie" (so der Untertitel), die beide doch längst für erledigt betrachtet hatten, war der Artikel *Recensenten Stirners*, der Anfang September 1845 in *Wigand's Vierteljahrsschrift* erschienen war. In ihm antwortete Stirner anonym auf die Kritik, die (neben dem Bauerianer Szeliga) Feuerbach und Hess am *Einzigen* geübt hatten. Erst jetzt offenbar wurde Marx klar, wie verwundbar die moralisierende Position des realen Humanismus oder des ethischen Sozialismus, im Prinzip also auch seine eigene, durch Stirners Kritik noch immer war.

Stirners Spott über die heiligen „Sozialisten", deren „‚Prinzipien' … ganz dasselbe sind, als die ‚Sonntagsgedanken' und Ideale aller guten Bürger

278 MEW 2, 257.
279 Zit. n. Andréas/Mönke 1968, 23, Anm. 36.
280 MEW 27, 450.

und Bourgeois",[281] muß Marx sehr getroffen haben; denn seine „intellektuelle Lebenslüge", die ideologische Verknüpfung von Aufklärungs- und Arbeiterbewegung, war freilich eine fragile Sache, so fragil jedenfalls, daß sie unter dem Druck des *Einzigen* zu zerbrechen drohte. Aus dieser Situation rettete sich Marx, indem er seinen ersten ideologischen Kunstgriff durch einen zweiten ergänzte bzw. korrigierte: Aufklärer und Arbeiter blieben zwar nach wie vor Verbündete im Kampf, aber nicht mehr zur Erreichung eines bestimmten antizipierten gesellschaftlichen Zustands, sondern im Vollzug einer „historisch notwendigen" gesellschaftlichen Bewegung. Diesen Schritt Marx' zum „historischen Materialismus" bezeichnete Engels später, zusammen mit der ihn stützenden ökonomischen Theorie, als *Die Entwicklung des Sozialismus von der Utopie zur Wissenschaft*.

*

Schwer verständlich ist, warum Marx dem „Heiligen Max" mehr Text widmete als Stirners Buch enthält. Zudem trug die Stirner-Polemik nicht viel zur Darlegung des neuen Standpunktes bei und befaßte sich, nach Marx' eigenen Worten, mit „Gymnasiastenweisheiten" eines „theoretisierenden Kleinbürgers", mit der „Blütenlese des Unsinns" eines „Berliner Schulmeister[s] ..., dessen Welt von Moabit bis Köpenick geht und hinter dem Hamburger Tor mit Brettern zugenagelt ist",[282] usw., usw., usw. Das Trommelfeuer von Invektiven, überhaupt Stil und Inhalt vor allem des Stirner-Teils des Buches, fordern geradezu zur psychologischen Interpretation auf. (Merkwürdigerweise nutzte bisher kaum jemand diese Gelegenheit. Selbst Künzli macht in seinem voluminösen „Marx-Psychogramm" nur sehr mäßigen Gebrauch von dieser Fundgrube.) Marx projiziert u.a. eine Reihe eigener Schwächen auf Stirner, von denen hier nur die wichtigsten erwähnt werden sollen: Moralismus, Illusionismus, Neigung zur Eskamotage und Rodomontade. In Wirklichkeit freilich war *er* der moralische Humanist Feuerbachscher Prägung, floh *er* aus der Realität in die Arbeiterschwärmerei, eskamotierte *er* diese Peinlichkeiten durch trickreiches, rabulistisches Theoretisieren und verkündete *er* seine Ideologie großspurig als „Wissenschaft" – eine Rodomontade von historisch beispiellosem Erfolg. Während also *er* im Begriff war, eine Lehre zu schaffen, die ihn zum Kirchenvater größten Stils machen sollte, bespöttelte und beschimpfte er Stirner ausgerechnet als „Kirchenvater" und „Sankt Max". Enthüllend sind auch die erregten Reaktionen des ich-süchtigen Marx (prägnant Ruge: „Marx bekennt sich zum Kommunismus, ist aber ein Fanatiker des Egoismus."[283]) auf das Reizthema Egoismus. Selbst Marx' vielgerühmter Sarkasmus wird in der

---

281 KS 371.

282 MEW 3, 123, 212, 344, 246.

283 Zit. n. Künzli, Arnold: *Karl Marx. Eine Psychographie*, Wien 1966, 578.

Aufregung bisweilen zum Bumerang, z.B. als er ironisch von den Verdiensten des „heiligen Max" spricht, die schlicht darin bestünden, „daß er seine Identität nunmehr auf zirka 600 Druckseiten konstatiert und bewiesen zu haben behauptet, wie er nicht Dieser oder Jener, nicht ‚Hans oder Kunz', sondern eben der heilige Max und kein anderer sei"[284] – als Vorrede zu einer „Kritik" eben dieses also wertlosen Werks, die dieses dann an Umfang noch übertrifft.

*

Die noch vorhandenen Dokumente über die Bemühungen von Marx, Engels und einigen ihrer Freunde, einen Verlag für die *Deutsche Ideologie* zu finden, ergeben ein außerordentlich verwickeltes Bild. Bert Andréas und Wolfgang Mönke haben in einem umfangreichen Artikel versucht, die Vorgänge zu rekonstruieren. Daraus ergibt sich, obwohl von den marxistischen Autoren nicht deutlich herausgestellt, daß schon fortgeschrittene Verhandlungen mit deutschen Verlegern in mindestens drei Fällen jeweils dann scheiterten, als der im Brüsseler Exil lebende Marx hinzugezogen wurde. Engels hingegen versuchte stets, neue Möglichkeiten zu finden, schlug Marx vor, die einzelnen Teile getrennt zu publizieren (Brief vom 18.10.1846), nötigenfalls auch ein geringes Honorar zu akzeptieren (Brief vom 9.3.1846) u.a.m. Im Herbst 1847 beendete Marx die Verlagsbemühungen mit der Begründung, es sei wegen der Zeitumstände unmöglich, den deutschen Buchhandel zu benutzen.[285]

Die von Marx später behauptete Unpublizierbarkeit der *Deutschen Ideologie* erscheint jetzt in einem neuen Licht. 1844 hatte Marx bzw. Engels für die *Heilige Familie* ohne Schwierigkeiten einen Verleger gefunden; ebenso 1845 für *Die Lage der arbeitenden Klasse in England*; und auch 1847 wieder für die *Misère de la philosophie*. Stirner hatte publizieren können, ebenso Hess, Feuerbach und andere Stirnerkritiker. Auch für seine geplante *Kritik der Nationalökonomie* hatte Marx 1845 schon im Voraus einen Verlagsvertrag. Nur mit der *Deutschen Ideologie* soll es unüberwindliche Probleme gegeben haben. Angesichts dieser Tatsachen ist die These, Marx habe deren Publikation auf subtile Weise, bewußt oder unbewußt, sabotiert, plausibler als die gängige Version, die auch Andréas/Mönke vertreten: „Die Verleger schreckten vor der Herausgabe eines Werkes von Marx zurück, der … als einer der gefährlichsten Revolutionäre galt."[286] Marx scheint vielmehr bald gemerkt zu haben, daß er die mögliche politische Wirkung des *Einzigen* überschätzt hatte und mit dem „Sankt Max" nur eine schon fast erloschene Diskussion wieder anfachen würde. Zudem scheint Marx

284 MEW 3, 79.
285 Nach Andréas/Mönke 1968, 41.
286 Ebd., S. 37.

seiner eigenen Rabulistik, mit der er Stirner „überwand“, noch nicht ganz getraut zu haben: eine Konfrontation mit Stirner wollte er wohl nicht riskieren. Zu leicht hätte dieser den doppelten Boden entdecken können, in dem bei der neuen Marxschen Philosophie die alte Feuerbachsche versteckt war. Stirner erfuhr somit nie von der Existenz dieser Kritik. Eine „Kontroverse“, wie später Eßbach schrieb, gab es nicht.[287]

Karl Marx kam selbst 1859 in einer „Skizze über den Gang meiner Studien“ auf die dargestellten Vorgänge zu sprechen. „[Als Friedrich Engels] sich im Frühling 1845 ebenfalls in Brüssel niederließ, beschlossen wir, den Gegensatz unserer Ansicht gegen die ideologische der deutschen Philosophie gemeinschaftlich auszuarbeiten, in der Tat mit unserm ehemaligen philosophischen Gewissen abzurechnen. Der Vorsatz ward ausgeführt in der Form einer Kritik der nachhegelschen Philosophie. Das Manuskript, zwei starke Oktavbände, war längst an seinem Verlagsort in Westphalen angelangt, als wir die Nachricht erhielten, daß veränderte Umstände den Druck nicht erlaubten. Wir überließen das Manuskript der nagenden Kritik der Mäuse um so williger, als wir unsern Hauptzweck erreicht hatten – Selbstverständigung.“[288]

Friedrich Engels zeigte später in seiner vielgelesenen Schrift *Ludwig Feuerbach und der Ausgang der klassischen deutschen Philosophie* (1886) noch gravierendere Gedächtnisstörungen. Er skizziert eine Reihenfolge Strauss-Bauer-Stirner und ... „Da kam Feuerbachs *Wesen des Christentums* [1841] ... Der Bann war gebrochen; das System war gesprengt.“[289] Hegel, Strauss, Bauer u.a., vor allem Feuerbach, würdigt er ausgiebig, doch bei Stirner verschlägt es ihm fast die Sprache: „Stirner, der Prophet des heutigen Anarchismus [...] Stirner blieb ein Kuriosum.“[290] (Vgl. hierzu Arvon 1951) Ähnliche Sprachlosigkeit hatte ihn schon 1850, als er die historische Reihenfolge Feuerbach-Stirner noch nicht einfach umkehren konnte, befallen. Im Entwurf eines unpublizierten Artikels über die „Freunde der Anarchie“ meint er, diese hätten, „soweit sie nicht von den Franzosen Proudhon und Girardin abhängig sind, ... alle eine gemeinsame Quelle: *Stirner*.“ Mit dieser Quelle, nicht mit den „Trödlern zweiter Hand“, will er sich auseinandersetzen. Engels hebt dreimal an: „Ehe wir auf das erwähnte Stirnersche Buch selbst eingehen [...] Besonders, wie wir sehen werden, Stirners Buch liefert zahllose Beweise [...] Die Liederlichkeit in Form und Inhalt, die arrogante Plattheit und aufgeblähte Fadaisie, die bodenlose Trivialität und dialekti-

---

287 Eßbach, Wolfgang: *Gegenzüge. Der Materialismus des Selbst und seine Ausgrenzung aus dem Marxismus*, Frankfurt/M. 1982, ursprünglich als Dissertation an der Universität Göttingen 1978: *Die Bedeutung Max Stirners für die Genese des Historischen Materialismus*.

288 MEW 13, 10.

289 MEW 21, 272.

290 MEW 21, 271, 291.

sche Misere dieser letzten deutschen Philosophie übertrifft alles, was bisher in diesem Fach dagewesen ist."[291] Kurz darauf bricht das Manuskript ab.

In ihrer Korrespondenz kamen Marx und Engels gelegentlich noch beiläufig auf Stirner zurück, meist ironisch bis sarkastisch, zuletzt anläßlich des Erscheinens von dessen *Geschichte der Reaction* (1852). Marx aufgrund einer Anzeige: „Herr Stirner ... wird beweisen, daß die Revolution unterging, weil sie ‚das Heilige' war, und die Konterrevolution siegte, weil sie ‚egoistisch' sich verhielt." Darauf Engels, ebenfalls ohne Kenntnis des Buches: „Weit entfernt, sich zum Heiligen zu versteigen, sind seine eignen Glossen vielmehr für höhere Töchterschulen bestimmt."[292] Auch hier zeigt sich, daß die beiden Freunde Stirner weder verstanden noch „überwunden" hatten, daß sie, wie Stirner gesagt hätte, „fromme Atheisten" geblieben waren. Sehr viel später, durch politischen Erfolg und die Wirkung der Jahre kalmiert, kam diese Einstellung noch einmal zum Ausdruck, als Engels 1889 auf eine Anfrage im Ton gelassener Jovialität antwortete: „Ich kannte Stirner gut, wir waren Duzbrüder, er war eine gute Haut, lange nicht so schlimm wie er sich in seinem *Einzigen* macht."[293] „Schlimm" war und blieb Stirner für die meisten Progressiven und Humanisten seit dem Oktober 1844.

Silvio Gesell

Silvio Gesell (1862–1930) war ein deutscher Kaufmann, der in jungen Jahren nach Argentinien ging und dort unter den Bedingungen der schweren Wirtschaftskrise der späten 80er Jahre ein Vermögen erwarb. Angeregt durch seine praktischen Erfahrungen bildete er sich autodidaktisch zum Geld- und Wirtschaftstheoretiker. Seine erste Veröffentlichung erschien 1891 in Argentinien, sein Hauptwerk *Die Natürliche Wirtschaftsordnung* (NWO)[294] 1916 in Deutschland, wohin er um die Jahrhundertwende zurückgekehrt war. 1919 warb ihn Gustav Landauer als „Volksbeauftragten für Finanzen" der Bayerischen Räterepublik. In den 20er Jahren fand Gesells „Freiwirtschaftslehre" eine organisierte Anhängerschaft von mehreren 10.000 Mitgliedern, hauptsächlich in Deutschland und in der Schweiz. Darunter gab es auch Gruppierungen, die Gesell mit Stirner theoretisch zu kombinieren versuchten. Gesell selbst äußerte sich nur kurz und unspezifisch über Stirner: die NWO gebe, so schreibt er im Vorwort zur 4. Auflage, „die Bahn frei zur vollen Entfaltung des ‚Ich', zu der von aller Beherrscht-

291 MEW 7, 417–436.
292 MEW 28, 30, 33.
293 MEW 37, 292.
294 Gesell, Silvio: *Die Natürliche Wirtschaftsordnung durch Freiland und Freigeld*, Lauf [9]1949.

heit durch andere befreiten, sich selbst verantwortlichen Persönlichkeit, die das Ideal Schillers, Stirners, Nietzsches, Landauers darstellt."[295] Seine Wirtschaftstheorie hat er völlig unbeeinflußt von Stirnerschen Gedanken entwickelt.

Gesell wurde einst nicht nur von dem Anarchisten Landauer geschätzt; auch Gottfried Feder, der Urheber des ursprünglichen Programms der NSDAP, entlehnte wesentliche Gedanken (u.a. in *Brechung der Zinsknechtschaft*) von ihm. Sogar innerhalb der SPD der Weimarer Republik soll es ca. 10.000 Gesell-Anhänger gegeben haben.[296] Es scheint dies, analog zu den einleitend skizzierten Spielarten der Stirner-Rezeption, Ausdruck eines vagen „Individualismus" gewesen zu sein, der in vielen politischen Lagern seine Anhänger hat.

Hier von Interesse ist jedoch, ob speziell Gesells Wirtschaftstheorie mit Stirners Theorie verträglich ist, bzw. ob sie diese ergänzen könnte; denn Stirner hat zu diesem Thema nur wenig gesagt. Sein „Verein" wäre allerdings ein radikal liberaler, d.h. anarchischer Zusammenschluß, der sich durchaus „Verkehrsregeln" gäbe. Vom klassisch liberalen Gesellschaftsmodell unterschiede er sich im wesentlichen dadurch, daß die Beteiligten „Eigner" wären. Denn eine nur liberale Gesellschaft ist nach Stirner keineswegs ein „Verein von Egoisten", solange sich in ihr „die Meisten um ihre natürlichsten und offenbarsten Interessen prellen lassen".[297] Stirner sah die individual- und massenpsychologischen Grundlagen von Jahrtausenden Herrschaft und Ausbeutung als primär, deren historisch sich wandelnde technische Gestaltung als sekundär an.

Diese Auffassung, die gewissermaßen eine vorweggenommene Kritik des ökonomistischen Marx darstellt, vertrat Stirner durchaus in Kenntnis der damals aufkommenden Nationalökonomie. Schon während er am *Einzigen* arbeitete, projektierte er die Herausgabe eines 10-bändigen Sammelwerks *Die Nationalökonomen der Franzosen und Engländer*, für das er das *Lehrbuch der praktischen politischen Ökonomie* von Jean-Baptiste Say und das klassische Werk *Der Wohlstand der Nationen* von Adam Smith übersetzte. Seine zahlreichen Kommentare zeugen von Kenntnis der einschlägigen Literatur.

Stirner hat der Ökonomie jedoch nicht die fundamentale Bedeutung für die „Emanzipation" beigemessen, die Marx ihr gab. Während Marx Warenwirtschaft und Geld geradezu dämonisierte und meinte, daß sie nach der kommunistischen Revolution, die insbesondere „die Teilung der Arbeit aufhebt",[298] abgeschafft würden, sah Stirner hier nur ein technisches Prob-

---

295 Ebd., S. 25.

296 Elger, Peter: *Die Wirtschafts- und Gesellschaftsauffassung Silvio Gesells*, Diplomarbeit Univ. Marburg 1978, 225.

297 KS 394.

298 Z.B. MEW 3, 364.

lem: „Ob das Geld unter Egoisten beizubehalten sei? ... Nun, das Geld ist eine Ware ... Wißt Ihr ein besseres Tauschmittel, immerhin; doch wird es wieder ‚Geld' sein. Nicht das Geld tut Euch Schaden, sondern Euer Unvermögen, es zu nehmen."[299] Während Marx, für den die Ware (incl. Geld) „Fetischcharakter" hat – er nennt sie auch „ein sehr vertracktes Ding, voll metaphysischer Spitzfindigkeit und theologischer Mucken"[300] –, der Ökonomie Jahrzehnte seiner Arbeit widmete und Philosophie durch sie substituierte, erklärte Stirner die mit dem Warenverkehr verbundenen Probleme zu rein technischen. Ware und Geld sind als echte kulturelle Errungenschaften zu erhalten, ohne daß die in ihrer gegenwärtigen Form enthaltenen „Mängel" hinzunehmen sind: „Am alten Gepräge klebt ererbter Besitz ... Warum aber sollt Ihr kein neues Geld kreieren?"[301]

Obwohl Stirner nicht weiter auf dieses Problem eingeht, ist dies die Stelle, wo er und Gesell sich in sachlicher Hinsicht berühren; denn ein solches „neues Geld" hat Gesell (theoretisch) geschaffen. Es bildet eine der „technischen" Grundlagen der von ihm konzipierten Wirtschaftsordnung, in der – und dies stimmt durchaus mit Stirners Auffassungen überein – „Ausbeutung nicht ‚verboten', sondern unmöglich [ist], ... nicht durch moralische Beeinflussung oder polizeiliche Maßnahme, sondern durch Umbau des wirtschaftlichen Räderwerks ..."[302] Dabei würde der Wettbewerb nicht erstickt, sondern entfesselt, und Verteilungsgerechtigkeit ergäbe sich automatisch: „Mit der auf Eigennutz aufgebauten natürlichen Wirtschaft soll jedem der eigene volle Arbeitsertrag gesichert werden."[303]

Geldpropheten hat es freilich viele gegeben. Gesell jedoch hat einen merkwürdigen Status in der Fachwelt. Daß er offiziell ignoriert wird, teilt er zwar mit den übrigen Außenseitern. Überraschenderweise aber wurde er posthum von einigen Ökonomen von Weltgeltung geradezu überschwenglich gewürdigt: „Ich bin nur ein bescheidener Schüler des Kaufmanns Silvio Gesell", schrieb Irving Fischer;[304] ähnlich klingt eine Art Bekenntnis, das John Maynard Keynes in seinem Hauptwerk abgibt: „Ich glaube, daß die Zukunft mehr vom Geiste Gesells als von jenem von Marx lernen wird."[305] Gleichwohl blieb Gesell, wie es ein Bundesfinanzminister 1981 ausdrückte, bis heute eher „im Untergrund".[306]

---

299 EE 305.

300 MEW 23, 85 (Das Kapital I).

301 EE 305.

302 Gesell 1949, 22.

303 Ebd., S. 13.

304 Zit. n. *Fragen der Freiheit*, Heft 144(1980), 2. Umschl.

305 Keynes, John Maynard: *Allgemeine Theorie der Beschäftigung, des Zinses und des Geldes*, Berlin 1936, 300; vgl. Hahn, Oswald: „In memoriam Silvio Gesell", in: *Zeitschrift für das gesamte Kreditwesen. Sonderausgabe*, 33 (1980), 6, 211–212.

306 Zit. n. *Das Parlament*, Nr. 41/42, 10./17.10.1981.

Unabhänig davon, wie die Versuche in den 20er Jahren, Gesell und Stirner zu kombinieren, zu bewerten sind,[307] könnte Gesells NWO jedoch, wenn sie tatsächlich „die innere Selbststeuerung des Wirtschaftsbetriebes“[308] technisch ermöglicht, durchaus zu den kulturellen Errungenschaften gehören, die in Stirners „neuer Geschichte“ bestandsfähig wären.

Gesells Menschenbild und seine allgemeinen gesellschaftstheoretischen Vorstellungen, wie sie in seinen zahlreichen Schriften zum Ausdruck kommen, sind inkohärent, im Grunde konservativ und mit Stirner unvereinbar. Die Kombinationsversuche in den stirneristischen und freiwirtschaftlichen Zeitschriften der 20er Jahre haben das nicht genügend berücksichtigt. Gesells Wirtschaftstheorie, für sich genommen und modernisiert, könnte dagegen Stirners Philosophie sinnvoll ergänzen.

Wilhelm Reich

Stirner hat sich, veranlaßt durch aktuelle Versuche, über Hegel hinauszugehen, gegen zwei Formen aufklärerischer Philosophie gewandt: die erste (Feuerbach) setzte dem realen Menschen das „Gattungswesen“ bzw. den „wahren Menschen“ als Ideal vor; die zweite (Bauer) war eine „kritische Theorie“, deren ungenanntes Kriterium ebenso unreflektierten Ursprungs war wie jenes Ideal.

Dabei ergab sich folgendes Problem: Wie ist der „Eigner“ qualitativ zu unterscheiden von einem Ideal à la Feuerbach? Und wie ist die „eigene“ Kritik qualitativ zu unterscheiden von einer Kritik à la Bauer? Stirner sagt an einer Stelle: „Für alle freie Kritik war ein Gedanke das Kriterium, für die eigene Kritik bin Ich's“. Er sagt nicht: „... ist's der Eigner“, denn er sieht sich außer Stande, den begrifflichen Abstand zu Feuerbach/Bauer explizit zu behaupten. Stirner rekurriert auf den „leibhaftigen Menschen“, weil dieser kein Gedanke mehr ist, kein Begriff: „Ich, der Unsagbare, mithin nicht bloß Gedachte.“[309] Tatsächlich meint er beides, also: „... bin Ich's, wenn Ich Eigner bin“; denn Stirners eigene Kritik ist nicht bloß die Kritik *eines* Eigners, sondern durchaus die vom Standpunkt *des* Eigners.

Stirner konnte den qualitativen Unterschied zwischen seiner Theorie und den Theorien von Feuerbach und Bauer nicht anders als implizit begründen. Deshalb wohl empfand er sein Buch „als teilweise ‚unbeholfenen‘ Ausdruck dessen, was er wollte“, und wies später auf jene „gewaltige Folgerung, ... zwischen den Zeilen zu lesen“, hin, auf jenes „gewichtige ‚Des-

[307] Materialhinweise in: Helms 1966, Kap. X, XI.
[308] Gesell 1949, 22.
[309] EE 400.

halb'",[310] das hier „antipädagogisch" und historisch-evolutionistisch interpretiert wurde.

Obwohl Stirner mit Nachdruck versichert, daß er ernsthaft „fast die ganze Menschenwelt für veritable Narren" hält, für „Besessene", präsentiert er den Eigner, den Nicht-Narren bzw. Nicht-Besessenen also, nicht als den „gesunden Menschen"; er entlarvt im Gegenteil dieses Verfahren als eine begriffliche Eskamotage: „Das *Heilmittel* oder die *Heilung* ist nur die Kehrseite der *Strafe*, die *Heiltheorie* läuft parallel mit der *Straftheorie*; sieht diese in einer Handlung eine Versündigung gegen das Recht, so nimmt jene sie für eine Versündigung des Menschen *gegen sich*, als einen Abfall von seiner Gesundheit."[311]

Stirners Skepsis wäre auch heute noch berechtigt. Die Gesundheitskonzepte der zahlreichen Ich-Psycho(patho)logien, die seither entwickelt wurden – ihre Therapieform mag „direktiv" heißen oder „nicht-direktiv" –, orientieren sich letztlich an einem Wertsystem, gegen das die prinzipiell gleichen Einwände geltend gemacht werden können wie gegen das Feuerbachs und das Bauers. Der einzige konsequente Versuch, „psychische Gesundheit" unabhängig von einem Wertsystem zu bestimmen, stammt von Wilhelm Reich (1897–1957). Sein Werk ist deshalb hier von besonderem Interesse.[312]

Reich begann seine Laufbahn 1920 als ärztlicher Psychoanalytiker im Umkreis Sigmund Freuds in Wien. Er bezog bald sowohl das soziale Umfeld des Individuums als auch dessen Physiologie bzw. Biologie in seine Studien mit ein und schuf so den Grundriß einer eigenständigen Anthropologie. Da er die Neurose als Pandemie sah und deren Therapie bestenfalls in Einzelfällen erfolgreich durchgeführt werden kann, ging es ihm primär darum, das Wesen der psychischen Erkrankungen in Hinblick auf ein umfassendes Programm zur Neurosenprophylaxe zu erforschen. Seine klinische Arbeit hatte stets diese Perspektive.

Die Fragen, was psychische Gesundheit ist, wodurch sie geschädigt wird, ob und ggf. wie sie wieder hergestellt werden kann, haben vorrangige Bedeutung in Reichs Werk. Das von ihm im Anschluß an Freud entwickelte, genuin psychosomatische Therapieverfahren betrachtete er deshalb primär als Forschungsmethode. Von sekundärer Bedeutung sind also, zumindest hier, jene Arbeiten Reichs, die ihn weithin bekannt gemacht haben: 1) sein Therapieverfahren als solches; 2) sein Versuch, die Theorien von Freud und Marx zu kombinieren; 3) sein Versuch, sein Konzept von Gesundheit mittels der von ihm selbst begründeten „Orgonomie" weiter zu fundieren.

---

310 KS 413.

311 EE 46, 265.

312 Vgl. Laska, Bernd A.: *Wilhelm Reich in Selbstzeugnissen und Bilddokumenten*, Reinbek 1981.

Direkte Bezüge auf Stirner gibt es bei Reich nur an zwei, vom Zeitpunkt her allerdings exponierten Stellen: aus der ersten (1920)[313] geht hervor, daß er bereits als junger Mann Stirners Persönlichkeitsbild positiv aufgenommen hat; aus der zweiten (1953)[314] ist zu schließen, daß er in reifen Jahren in Stirner einen wichtigen theoretischen Vorläufer gesehen hat. Gewichtiger aber sind die sachlichen Übereinstimmungen in den für Reich und Stirner spezifischen Grundauffassungen.

Reich war sich von Anfang an bewußt, daß das Prinzip der Wertfreiheit in einer Wissenschaft von der menschlichen Psyche besondere Probleme birgt. Weder (ethisch) wertende Intoleranz, meinte er, sei in ihr geboten, noch aber wertindifferente Toleranz; das Problem liege in der Notwendigkeit, daß man in der therapeutischen Praxis „mit Bezug auf ein anethisches Ziel werten“[315] müsse. Dieses Ziel oder Maß wäre die psychische bzw. psychosomatische Gesundheit. Erst nachdem man als Therapeut dem Patienten „die Fähigkeit, sich zu entscheiden, verschafft habe“[316] – gemeint ist jene „Gesundheit“, die „Freiheitsfähigkeit“, d.h. wirkliche Wertautonomie, impliziert –, sei Toleranz geboten und selbstverständlich.

Das Gesundheitskonzept, das Reich über Jahrzehnte hinweg ausarbeitete, ist das des „selbstregulierten Menschen“. Dieser wird „nicht gelenkt von einem ‚Du sollst‘ oder ‚Du darfst nicht‘“ und hat „praktisch keine Moral mehr in sich, aber auch keine Impulse, die eine moralische Hemmung erfordern würden.“[317] Reichs „selbstregulierter Mensch“ ist Stirners „Eigner“, versehen mit empiristischen Sinnkriterien aus der psycho- und charakteranalytischen Klinik. Dennoch – Reich stieß allseits, auch bei den Kollegen, auf starke Abwehr: „Keine andere Stelle meiner Theorie hat meine Arbeit und meine Existenz derart gefährdet, wie gerade die Behauptung, daß Selbstregulierung möglich ist“,[318] schrieb er, nachdem er nicht nur von der sonst sehr liberalen Psychoanalytikerorganisation ausgeschlossen worden war, sondern auch eine Reihe einschlägiger Erfahrungen mit politischen und wissenschaftlichen Organisationen und mit Behörden von Exilländern hinter sich hatte.

Reich hat sozusagen eine „Operationalisierung“ des Stirnerschen Begriffs „Eigner“ geliefert. Er hat das Problem aus der Philosophie in die Naturwissenschaft transportiert und empirisch nachprüfbare Kriterien angegeben. Prinzipiell zumindest ist in Reichs Konzept des „selbstregulierten

---

313 Reich, Wilhelm: *Frühe Schriften I*, Köln 1977, 70.

314 Ders.: *Christusmord*, übers. v. Bernd Laska, Olten 1978, 398.

315 Ders.: *Die Funktion des Orgasmus. Zur Psychopathologie und zur Soziologie des Geschlechtslebens*, Leipzig 1927, 9.

316 Ebd., S. 186.

317 Ders.: *Die Funktion des Orgasmus, Sexualökonomische Grundprobleme der biologischen Energie*, Köln 1969, 157; und: *Die sexuelle Revolution. Zur charakterlichen Selbststeuerung des Menschen*, Frankfurt/M. 1966, 35.

318 Reich 1969, 162.

Menschen“ der oben genannte kritische Punkt in Stirners Konzept des „Eigners“ vermieden: die „Labilität“ des Schlüsselbegriffs als Folge der notwendigerweise lavierenden Argumentation (bei der Abgrenzung von Bauer/Feuerbach).

Das Echo auf Reich ähnelte im übrigen dennoch in wesentlicher Hinsicht dem auf Stirner: vereinzelte, leidenschaftliche Stimmen pro oder contra; sonst weitgehend Desinteresse, vor allem bei den „Fachkollegen“; Popularitätswellen in der „Gegenöffentlichkeit“; fragmentierendes Epigonentum. Wie bei Stirner, so war es auch bei Reich gerade der Hauptgedanke, der von Anhängern und Gegnern meist unerkannt blieb.

Stirners Leben II: 1846–1856

Stirners Leben ab 1845, nach Erscheinen seines Hauptwerks also, liegt fast noch mehr im Dunkeln als die Jahre davor. Sein *Einziger* ist schon bald, noch vor Ausbruch der Revolution im März 1848, in Vergessenheit geraten. Seine späteren Arbeiten haben, abgesehen von den beiden Repliken auf Kritiker, kaum noch Bezug auf sein zentrales Thema. Er führt die Übersetzungen der *Nationalökonomen der Franzosen und Engländer* zu Ende, schreibt noch einen Zeitungsartikel und stellt 1852 sein letztes Buch fertig: *Die Geschichte der Reaction*, eine Kompilation von Auszügen aus Werken von Edmund Burke, Auguste Comte und anderen, die er durch kommentierenden Text verbindet.

Die biographischen Daten, die Mackay über diesen Lebensabschnitt Stirners noch ermitteln konnte, sind äußerst karg: Sie beginnen mit einem Ereignis, das unter dem Stichwort „Milchwirtschaft“ verschiedentlich kolportiert wurde. Dabei handelte es sich wohl um den Versuch Stirners und einiger Freunde von den „Freien“, im Frühjahr 1845 ein Geschäft zu gründen, das die Milchversorgung Berlins, die damals noch von den Bauern der umliegenden Dörfer direkt durchgeführt wurde, durch Einrichtung einer zentralen Sammelstelle neu organisieren sollte. Dieses Unternehmen – später übrigens vom bekannten „Bolle“ erfolgreich aufgebaut – scheiterte gleich zu Beginn und soll den Rest des Vermögens, das Marie Dähnhardt mit in die Ehe gebracht hatte, aufgezehrt haben.

Anfang April 1846 endet Stirners Ehe. Er nimmt, wohl aus finanziellen Gründen, eine kleinere Wohnung. Trotzdem befindet er sich schon im Sommer des gleichen Jahres offenbar in großer Geldnot, denn er gibt in der *Vossischen Zeitung* ein Inserat auf, mit dem er einen Darlehensgeber für 600 Taler sucht. In den folgenden Jahren scheint sich seine Lage weiter zu verschlechtern. Er wechselt häufig die Wohnung, verkauft 1851 schließlich sein Mobiliar und wohnt von nun an in Untermiete. Vom 5. bis 26. März 1853 muß er das erste Mal ins Schuldgefängnis, vom 1. Januar bis zum 4. Februar 1854 ein zweites Mal. Im September 1854 rettet er sich aus seinen Finanznöten, indem er sein Erbrecht an dem Kulmer Haus seiner Mutter abtritt und eine Vorauszahlung auf den Kaufpreis in Höhe von 1000 Talern erhält. Mit diesem Geld scheint er seinen Unterhalt in den restlichen beiden Jahren seines Lebens bestritten zu haben.

Als Mackay in den 90er Jahren seine Recherchen durchführte, erfuhr er zu seiner großen Überraschung, daß Marie Dähnhardt noch am Leben war. Doch sie lehnte es ab, „zur Zeugin für das Leben eines Mannes aufgerufen zu werden, den sie je weder geliebt noch geachtet habe.“ Sie war nach der Trennung im April 1846 nach London gegangen und von dort aus 1852 nach Australien. Nach Zeiten bitterster Not war sie, zum Katholizismus bekehrt, 1870 nach London zurückgekommen, um ihre Schwester zu beerben: „eine alte, bigotte Frau", wie Mackay schreibt, die nur auf hartnäckiges Drängen schließlich doch noch bereit war, ihm schriftlich einige Fragen über Stirner zu beantworten. Sie starb 84-jährig im Jahre 1902 in London und hinterließ nichts, was näheren Aufschluß über Stirner gegeben hat.

Über die letzten beiden Jahre von Stirners Leben hat Mackay buchstäblich gar nichts mehr in Erfahrung bringen können. Er scheint sich völlig zurückgezogen gehabt zu haben, als er, noch nicht 50-jährig, am 25. Juni 1856 starb. Als Todesursache wurde „allgemeine Geschwulst" angegeben bzw. ein „Nervenfieber", das sich infolge einer faustgroßen Geschwulst im Nacken eingestellt hatte. Stirner wurde auf dem Berliner Sophienfriedhof beigesetzt.

Zeittafel

1806	25. Oktober: Johann Caspar Schmidt in Bayreuth geboren; Vater: Albert Christian Heinrich Schmidt, *1769, Instrumentenbauer; Mutter: Sophia Elenora, geb. Reinlein, *1778; 6. November: Taufe (ev.).
1807	19. April: Tod des Vaters („Blutsturz").
1809	13. April: Mutter heiratet Friedrich Ludwig Ballerstedt, *1761, Provisor an der Hofapotheke; Mutter und Stiefvater verlassen kurz nach der Hochzeit Bayreuth und lassen den Sohn bei Verwandten zurück; nehmen im Dezember Wohnsitz in Kulm/Weichsel. 19. Dezember: Geburt der Stiefschwester Johanne Friederica, die knapp 3-jährig stirbt.
1810	nach Kulm zu den Eltern.
1818	zurück nach Bayreuth; lebt dort wieder bei Verwandten; besucht das Gymnasium.
1826	Herbst: Absolutorium; Immatrikulation an der Universität Berlin; hört bei Hegel, Schleiermacher u.a.
1828	Herbst: Wechsel an die Universität Erlangen; bleibt dort nur ein Semester.
1829	Sommer: „längere Reise durch Deutschland"; Rückkehr nach Kulm „häuslicher Verhältnisse halber"; zeitweilig in Königsberg immatrikuliert, ohne Vorlesungen zu belegen.
1832	Herbst: erneute Immatrikulation in Berlin.
1834	März: Beendigung des Studiums. Juni: Meldung zum „examen pro facultate docendi". August: „geisteskranke" Mutter kommt nach Berlin.
1835	April: nur bedingte „facultas docendi"; Probejahr an der „Königlichen Realschule" Berlin.
1836	Herbst: Beendigung der Lehrtätigkeit.
1837	März: Bewerbung um Stelle als Gymnasiallehrer wird abgelehnt; 19. Juli: Stiefvater stirbt in Kulm; 17. Oktober: Mutter in „Privatirrenanstalt Schönhauser Allee"; 12. Dezember: Heirat mit Agnes Burtz, *1815.
1838	29. August: Frau und Kind sterben bei der Geburt.
1839	1. Oktober: Antritt einer Lehrerstelle an der privaten „Lehr- und Erziehungsanstalt für höhere Töchter" der Madame Gropius in Berlin.

1841	Beginn der journalistischen Tätigkeit als „Stirner“ und anonym; Anschluß an den Zirkel der „Freien“.
1843	21. Oktober: Heirat mit Marie Dähnhardt, *1818.
1844	30. September: Beendigung der Lehrertätigkeit. Ca. 20. Oktober: *Der Einzige und sein Eigentum* erscheint.
1845	Projekt „Milchwirtschaft“ scheitert; Replik *Recensenten Stirners* erscheint.
1847	Herausgabe und Übersetzung von *Die Nationalökonomen der Franzosen und Engländer* abgeschlossen.
1852	*Die Geschichte der Reaction* erscheint.
1853	5.–26. März: Schuldgefängnis.
1854	1. Januar bis 4. Februar: Schuldgefängnis; September: finanzielle „Sanierung“ durch Abtretung des Erbrechts am Haus seiner Mutter.
1856	25. Juni: Tod.
[1859	17. März: Tod der Mutter.]
[1902	30. Dezember: Tod von Marie Dähnhardt.]

Bibliographie

Schriften von Stirner

[1] Über Schulgesetze (unveröffentlichte Examensarbeit), 1834; erstmals veröffentlicht: [Hg., Rolf Engert] Dresden 1920.

[2] (Str): Korrespondenzen in: Die Eisenbahn. Ein Unterhaltungsblatt für die gebildete Welt, Leipzig, 15.2.–12.4.1842.

[3] Über B. Bauers Posaune des jüngsten Gerichts, in: Telegraph für Deutschland, Hamburg, Januar 1842.

[4] (anonym): Christenthum und Antichristenthum, in: Deutsche Jahrbücher für Wissenschaft und Kunst, Leipzig, 11./12. Januar 1842.

[5] (anonym): Gegenwort eines Mitgliedes der Berliner Gemeinde wider die Schrift der sieben und fünfzig Berliner Geistlichen, Leipzig 1842.

[6] Königsberger Skizzen, in: Rheinische Zeitung, 26.7.1842.

[7] (anonym): Korrespondenzen in: Rheinische Zeitung, 7.3.–13.10.1842.

[8] (anonym): Korrespondenzen in: Leipziger Allgemeine Zeitung, 6.5.–31.12.1842.

[9] Das unwahre Prinzip unserer Erziehung, in: Rheinische Zeitung, Beiblätter zu den Ausg. 10., 12., 14., 19.4.1842.

[10] Kunst und Religion, in: Rheinische Zeitung, Beiblatt zur Ausg. 14.6.1842.

[11] Einiges Vorläufige vom Liebesstaat, in: Berliner Monatsschrift, Mannheim 1844 (nur 1 Bd. ersch.), 34–49.

[12] (Max Schmidt): Die Mysterien von Paris von Eugène Sue, in: Berliner Monatsschrift, Mannheim 1844 (nur 1 Bd. ersch.), 302–332.

[13] *Der Einzige und sein Eigentum*, Leipzig 1845
2. unveränd. Aufl.: Leipzig 1882
3. Aufl. (mod. Orthogr.): Leipzig 1901
versch. weitere Auflagen bis 1929
in Reclam's Universalbibliothek: 1893, 1919, 1928, 1972, 1979

wichtigste Übersetzungen (Erstaufl.):
franz.: L'Unique et sa propriété, Paris 1900
span.: El único y su propiedad, Madrid 1901
ital.: L'Unico, Torino/Roma/Milano 1902
russ.: Edinstvennyi i ego dostojanie, Moskva 1906
engl.: The Ego and his Own, New York 1907
jap.: Yuiitsusha to sono shoyu, Tokyo 1920.

[14] (M.St.): Recensenten Stirners, in: Wigand's Vierteljahrsschrift, Leipzig, 3 (1845), 147–194.

[15] [Hg. und Übers.] Die Nationalökonomen der Franzosen und Engländer, 1.–4. Band: J.B. Say, Ausführliches Lehrbuch der praktischen politischen Ökonomie, Leipzig 1845–46.
[16] [Hg. und Übers.] Die Nationalökonomen der Franzosen und Engländer, 5.–8. Band: Adam Smith, Untersuchungen über das Wesen und die Ursachen des Nationalreichthums, Leipzig 1846–47 (überarbeitete Neuauflagen: 1908, 1910, 1919, 1924).
[17] (G. Edward): Die philosophischen Reaktionäre. Die modernen Sophisten von Kuno Fischer, in: Die Epigonen, Vierter Band, Leipzig 1847, 141–151.
[Verfasserschaft Stirners umstritten]
[18] (anonym): Korrespondenzen in: Journal des österreichischen Lloyd vom 24.6.–24.9.1848.
[19] Die Geschichte der Reaktion, Berlin 1852
(Reprint Aalen 1967).

Max Stirner's Kleinere Schriften [hg. v. John Henry Mackay], Berlin 1898, enthält [6], [9], [10], [11], [12], [14], [17];
2. Aufl., Treptow/Berlin 1914, enthält [3]–[18], außer [4], [13], [15], [16] (Neudruck der 2. Aufl. Stuttgart 1976).

Sonstige Literatur

Adler, Max: Max Stirner, in: ders., Wegweiser. Studien zur Geistesgeschichte des Sozialismus, Stuttgart 1914, 173–199. Zuerst erschienen in: Arbeiter-Zeitung, Wien, Morgenblatt, 25. u. 26. Oktober 1906.
-: Ausgewählte Schriften, hrsg. v. Alfred Pfabigan u. Norbert Leser, Wien 1981.
Adorno, Theodor W. /Horkheimer, Max: Dialektik der Aufklärung, Amsterdam 1947.
- u.a.: Der Positivismusstreit in der deutschen Soziologie, Darmstadt 1969.
Andréas, Bert/Mönke, Wolfgang: Neue Daten zur „Deutschen Ideologie". Mit einem unbekannten Brief von Karl Marx und anderen Dokumenten, in: Archiv für Sozialgeschichte 8 (1968).
Arvon, Henri: Une polémique inconnue – Marx et Stirner, in: Les Temps Modernes, 71 (1951), 509–536.
Biermann, Wilhelm E.: Anarchismus und Kommunismus. Sechs Volkshochschulvorträge, Leipzig 1906.
Camus, Albert: Der Mensch in der Revolte. Essays, übertr. v. Justus Streller, Hamburg 1953.
Cattepoel, Jan: Der Anarchismus. Gestalten, Geschichte, Probleme, München [3]1979.

Eibl-Eibesfeldt, Irenäus: Die Angst vor dem Menschen. Von den Wurzeln diskriminierenden Verhaltens, in: Süddeutsche Zeitung Nr. 149 vom 4/5. Juli 1982.
Elger, Peter: Die Wirtschafts- und Gesellschaftsauffassung Silvio Gesells, Diplomarbeit Univ. Marburg 1978.
Eltzbacher, Paul: Der Anarchismus, Berlin 1900.
Emge, Carl August: Max Stirner. Eine geistig nicht bewältigte Tendenz, Mainz 1964.
Eßbach, Wolfgang: Gegenzüge. Der Materialismus des Selbst und seine Ausgrenzung aus dem Marxismus, Frankfurt/M. 1982, ursprünglich als Dissertation an der Universität Göttingen 1978: Die Bedeutung Max Stirners für die Genese des Historischen Materialismus.
Feuerbach, Ludwig: Das Wesen des Christentums, Stuttgart 1969.
-: Werke in sechs Bänden, hrsg. v. Erich Thies, Frankfurt/M. 1975.
Gehlen, Arnold: Moral und Hypermoral. Eine pluralistische Ethik, Frankfurt/M. 1969.
Gesell, Silvio: Die Natürliche Wirtschaftsordnung durch Freiland und Freigeld, Lauf [9]1949.
Glossy, Karl (Hrsg.): Literarische Geheimberichte aus dem Vormärz, Wien 1912.
Goldschmidt, Arthur: Max Stirner, sein Leben und sein Werk, in: Die Gesellschaft. Halbmonatsschrift für Litteratur, Kunst und Socialpolitik. Hrsg. v. M.G. Conrad und L. Jacobowski, Jg. 1898, Drittes Quartal, 227–239.
Gross, Otto: Von geschlechtlicher Not zur sozialen Katastrophe, hrsg. v. Kurt Kreiler, Frankfurt/M. 1980.
Hahn, Oswald: In memoriam Silvio Gesell, in: Zeitschrift für das gesamte Kreditwesen. Sonderausgabe, 33 (1980), 6, 211–212.
Hegel, G.W.F.: Phänomenologie des Geistes, Frankfurt/M. 1973.
-: Grundlinien der Philosophie des Rechts, Frankfurt/M. 1976.
Helms, Hans G.: Die Ideologie der anonymen Gesellschaft. Max Stirners „Einziger“ und der Fortschritt des demokratischen Selbstbewußtseins vom Vormärz bis zur Bundesrepublik, Köln 1966.
Hess, Moses: Die letzten Philosophen, Darmstadt 1845.
Hoffmann, Sven Olaf: Charakter und Neurose. Ansätze zu einer psychoanalytischen Charakterologie, Frankfurt/M. 1979.
Hofstätter, Peter R.: Einführung in die Sozialpsychologie, Stuttgart [5]1973.
Houben, Hubert H.: Verbotene Literatur von der klassischen Zeit bis zur Gegenwart. Ein kritisch-historisches Lexikon über verbotene Bücher, Zeitschriften und Theaterstücke, Schriftsteller und Verleger, Dessau [2]1925.
Jodl, Friedrich: Vom Lebenswege. Gesammelte Vorträge und Aufsätze in zwei Bänden, hrsg. v. Wilhelm Börner, Bd. 1, Stuttgart 1916.
Kant, Immanuel: Was ist Aufklärung?, Stuttgart 1974.

Kast, Bernd: Die Thematik des „Eigners" in der Philosophie Max Stirners. Sein Beitrag zur Radikalisierung der anthropologischen Fragestellung, Bonn 1979.
Keynes, John Maynard: Allgemeine Theorie der Beschäftigung, des Zinses und des Geldes, Berlin 1936.
Kiesewetter, Hubert: Von Hegel zu Hitler. Eine Analyse der Hegelschen Machtstaatsideologie und der politischen Wirkungsgeschichte des Rechtshegelianismus, Hamburg 1974.
Künzli, Arnold: Karl Marx. Eine Psychographie, Wien 1966.
La Boétie, Etienne de: Von der freiwilligen Knechtschaft, unter Mitw. von Neithard Bulst übers. und hrsg. v. Horst Günther, Frankfurt/M. 1980.
Lange, Friedrich Albert: Geschichte des Materialismus und Kritik seiner Bedeutung in der Gegenwart, Frankfurt/M. 1974.
Laska, Bernd A.: Wilhelm Reich in Selbstzeugnissen und Bilddokumenten, Reinbek 1981.
Löwith, Karl: Von Hegel bis Nietzsche, Zürich 1941.
Lobkowicz, Nikolaus: Karl Marx And Max Stirner, in: Demythologizing Marxism, hrsg. v. F.J. Adelmann, Boston 1969, 64–95.
Lübbe, Hermann/Sass, Hans-Martin [Hg.]: Atheismus in der Diskussion. Kontroversen um Ludwig Feuerbach, München 1975.
Mackay, John Henry: Max Stirner. Sein Leben und sein Werk, Berlin ³1914.
Magnis, Franz von: Normative Voraussetzungen im Denken des jungen Marx (1843-1848), Freiburg 1975.
Marcuse, Herbert: Repressive Toleranz, in: Kritik der reinen Toleranz, hrsg. v. R.P. Wolff u.a., Frankfurt/M. 1966, 91–128.
Marx, Karl/Engels, Friedrich: Werke, Berlin (Ost) 1956ff.
Mauthner, Fritz: Der Atheismus und seine Geschichte im Abendlande, Bd. 4, Stuttgart 1923.
Mayer, Gustav: Erinnerungen. Vom Journalisten zum Historiker der deutschen Arbeiterbewegung, Zürich 1949.
Mayer, Hans: Stirner und Hegel, in: Neue Zürcher Zeitung vom 6.9.1938.
McLellan, David: Die Junghegelianer und Karl Marx, übertr. v. Renate Zauscher, München 1974.
Mehring, Franz: Geschichte der deutschen Sozialdemokratie, Bd. 1, Stuttgart ²1903.
Nettlau, Max: Der Vorfrühling der Anarchie. Ihre historische Entwicklung von den Anfängen bis zum Jahre 1864, Berlin 1925.
Oesterreich, Traugott Konstantin (Hrsg.): Friedrich Ueberwegs Grundriß der Geschichte der Philosophie, Bd. 4, Berlin ¹²1923.
Paterson, Ronald W.K.: The Nihilistic Egoist Max Stirner, London 1971.
Payne, Robert: Zero. The Story of Terrorism, London 1951.
Reich, Wilhelm: Die Funktion des Orgasmus. Zur Psychopathologie und zur Soziologie des Geschlechtslebens, Leipzig 1927.

-: Die sexuelle Revolution. Zur charakterlichen Selbststeuerung des Menschen, Frankfurt/M. 1966.
-: Die Funktion des Orgasmus. Sexualökonomische Grundprobleme der biologischen Energie, Köln 1969.
-: Massenpsychologie des Faschismus, Köln 1971.
-: Frühe Schriften I, Köln 1977.
-: Christusmord, übers. v. Bernd Laska, Olten 1978.
Reichenbach, Hans: Der Aufstieg der wissenschaftlichen Philosophie, Braunschweig 1968.
Rousseau, Jean-Jacques: Emile oder Über die Erziehung, hrsg. v. Martin Rang, übers. v. Eleonore Sckommodau, Stuttgart 1968.
Rutschky, Katharina (Hg.): Schwarze Pädagogik. Quellen zur Naturgeschichte der bürgerlichen Erziehung, Frankfurt/M. 1977.
Sass, Hans-Martin: Ludwig Feuerbach, Reinbek 1978.
Schmidt, Alfred: Emanzipatorische Sinnlichkeit. Ludwig Feuerbachs anthropologischer Materialismus, Frankfurt/M. 1977.
Schultheiß Hermann: Stirner. Grundlagen zum Verständnis des Werkes „Der Einzige und sein Eigentum", Greifswald 1906.
Stuke, Horst: Philosophie der Tat. Studien zur „Verwirklichung der Philosophie" bei den Junghegelianern und den wahren Sozialisten, Stuttgart 1963.
Sue, Eugène: Die Geheimnisse von Paris, aus d. Franz. übers. u. bearb. v. Bernhard Jolles, München 1982.
Wildermuth, Armin: Marx und die Verwirklichung der Philosophie, Den Haag 1970.
Windelband, Wilhelm: Lehrbuch der Geschichte der Philosophie, Tübingen ^{15}1957.
Woodcock, George: Anarchism. A history of libertarian ideas and movements, Cleveland 1962.
Zenker, Ernst Viktor: Der Anarchismus. Kritische Geschichte der anarchistischen Theorie, Jena 1895.

Urteile über Stirner in Zitaten

Georgi PLECHANOW

Erstens besteht das unbestreitbare Verdienst Stirners darin, daß er öffentlich und energisch jene süßsaure Sentimentalität der bürgerlichen Reformer und vieler utopistischer Sozialisten bekämpft hat, wonach die Emanzipation des Proletariats das Resultat sein werde des „tugendhaften Handelns" von Leuten von „Hingebung" aus verschiedenen Klassen und hauptsächlich aus der Klasse der Besitzenden ... Stirner predigt somit den Klassenkampf.

[H]ier stoßen wir auf ein anderes Verdienst Stirners. Nach Taillandier hat derselbe das letzte Wort der jungen atheistischen Schule der deutschen Philosophie gesprochen. In Wirklichkeit hat er nur das letzte Wort der idealistischen Spekulation gesprochen. Doch dieses Wort gesprochen zu haben, ist sein unbestreitbares Verdienst.

Noch ein drittes Verdienst gebührt Stirner ... Er ist der unerschrockenste, der konsequenteste der Anarchisten. Neben ihm ist Proudhon, den Kropotkin, wie alle lebenden Anarchisten für den Vater der Anarchie halten, nur ein steifkragiger Philister.

Aber welches Individuum nimmt er zu seinem Ausgangspunkt? ... Es ist eine neue Abstraktion, und die magerste dazu, es ist das „Ich" ... Es ist die Seele des Warenproduzenten, die aus dem Munde Stirners spricht ... Sein „Verein von Egoisten" ist nichts als eine Utopie eines empörten Kleinbürgers. In diesem Sinne kann man sagen, daß er das letzte Wort des bürgerlichen Individualismus gesprochen hat.

1894

Martin BUBER

Aber wenn man [bei Kierkegaard] genau nachprüft, ob denn nicht doch irgendwo eine nähere Bestimmung [des Einzelnen] steht, wird man eine finden, – nicht mehr als eine, nicht mehr als ein einziges Wort, das aber findet man: „Gehorchen." Das ist nun auf jeden Fall das, was dem Einzigen Stirners von seinem Urheber unter allen Umständen verboten ist.

1947

Carl SCHMITT

Max Stirner kenne ich seit Unterprima. Dieser Bekanntschaft verdanke ich es, daß ich auf manches vorbereitet war, was mir bis heute begegnete, und was mich sonst vielleicht überrascht hätte. Wer die Tiefen des europäischen Gedankengangs von 1830–1848 kennt, ist auf das meiste vorbereitet, was heute in der ganzen Welt laut wird ... Es gibt gewisse Uran-Bergwerke der Geistesgeschichte. Dazu gehören die Vorsokratiker, einige Kirchenväter und einige Schriften aus der Zeit vor 1848. Der arme Max gehört durchaus dazu.

Im ganzen genommen ist er scheußlich, lümmelhaft, angeberisch, renommistisch, ein Pennalist, ein verkommener Studiker, ein Knote, ein Ich-Verrückter, offenbar ein schwerer Psychopath. Er kräht mit lauter, unangenehmer Stimme: Ich bin Ich, Mir geht nichts über Mich. Seine Wort-Sophismen sind unerträglich. Das Zazou seiner zigarrenrauchenden Stammtisch-Bohème ist eklig. Aber Max weiß etwas sehr Wichtiges. Er weiß, daß das Ich kein Denkobjekt ist.

1950

Leszek KOLAKOWSKI

Eine Eigentümlichkeit des Menschen in noch bedeutsamerem Sinn [als die, individuell angeeignetes Wissen anderen Individuen zu übermitteln], ist die Fähigkeit, nicht-informatorisches Wissen aufzubewahren und zu überliefern – eben die Tradition ... Die Tradition ist das einzige Werkzeug, das es ermöglicht, uns *Werte* zu eigen zu machen.

Nun kennen wir zwar Versuche einer Totalempörung gegen die Tradition. Diese Versuche sind wichtig und der Forschung wert, denn sie belehren uns über die Konsequenzen, die man ziehen muß. Kaum ein Schriftsteller hat dieser Empörung konsequenter Ausdruck gegeben als Max Stirner. Selbst Nietzsche erscheint inkonsequent im Vergleich zu ihm ... Stirners Gründe sind unwiderlegbar. Wenn ich von der Tradition verlange, daß sie mir ihre Gründe angibt, sich vor mir rechtfertigt, verurteile ich sie zum Tode.

1969

Wanda BANNOUR

Der Inhalt und der Stil dieses (Nicht-)Denkers (Stirner weigert sich, zu denken, er will nur hervorsprudeln und schreien) sind von einer solchen Gewalt, auch von einer solchen Originalität, daß man die Zurückhaltung der Philosophiehistoriker ihm gegenüber versteht. Brüsk und verstohlen wenden sie sich von ihm ab: Gründer der Anarchie, beeinflußte die oder die Nachfolger. So schiebt man einen Umsturz beiseite, der so radikal ist, daß er bequem die revolutionärsten Theoretiker in den Schatten stellt ... Nein, Max Stirner predigt kein pseudo-revolutionäres Evangelium, er ist nicht Sankt Max. Da ist Karl [Marx] schon eher Sankt Karl, mehr vielleicht als derjenige, den er ironisiert ... Oft haben sich die Anarchisten auf Stirner berufen: Sie haben nicht viel mehr als den kritischen Teil seines Denkens aufgenommen, den sie dann noch durch romantisch-dekadente Keime entstellt haben.

Die Intuition Stirners entspricht der Intuition Schopenhauers: Es ist die Intuition einer verschwenderischen Energie, ein Willen, der keinerlei Knechtschaft auf sich nimmt, zu der man ihn zwingen will. Aber dort, wo Schopenhauer, verraten von der Metaphysik oder besser von der Religiosität, sich gegen diese Kraft wendet, um sie zu negieren, wird sie von Stirner nachdrücklich behauptet. Stirner ist Schopenhauer, der Glück gehabt hat. Bei ihm erkennt sich der Lebenswillen freudig an, bejaht den Kampf und die Endlichkeit, den Genuß und die Vernichtung.

1974

Friedrich JODL

Der tiefgedachte Anthropologismus, den Feuerbach den zwischen Diesseits und Jenseits schillernden Konstruktionen der spekulativen Philosophie entgegengesetzt hatte, erhielt [durch Stirner] ein karikaturhaftes Nachspiel.

Am wichtigsten in diesem Zusammenhange ist Stirners Polemik gegen die Ethik; und zwar nicht gegen diese oder jene bestimmte Ethik, sondern gegen die Ethik als solche ... Entschiedener, unverhüllter, ist der egozentrische Standpunkt im Bereiche der praktischen Philosophie wohl niemals verkündet worden. Hier kehren nicht nur die alten Argumente des Larochefoucauld, Helvétius und Bentham für die egoistische Natur jedes Gefühls wieder, sondern an die Stelle einer psychologischen Analyse, welche den Egoismus in jeder Seelenregung wittern und aufspüren will, tritt hier vielmehr eine vollständige Umwertung. Die Menschen sind uneigennützig ... Aber sie sollen es nicht sein.

Es mag nur gesagt sein, daß diese Kritik [der Herrschaft des Allgemeinen über den Einzelnen] zwar manche sehr scharfsinnige Gedanken und manche wahrhaft prophetische Ausblicke auf die politische und gesellschaftliche Entwicklung des abgelaufenen Jahrhunderts enthält; daß diese Kritik aber auch in Bezug auf das Wesentliche, das Verschwinden des Einflusses der Allgemeinheit, von der neuesten Entwicklung der Kulturwelt widerlegt wird ... Die vollständige politische und geistige Niederlage, welche Theorie und Praxis des „laissez faire", der äußersten Einschränkung der Staatswirksamkeit und der Anarchismus auf dem Gebiete des wirtschaftlichen Lebens im 19. Jahrhundert erlitten haben, zeigt aufs deutlichste, daß die Theorien Stirners für sich allein genommen keine Kulturprinzipien sind ...

1882 (^{3}1923)

Armin WILDERMUTH

Man mag diesem Eigenbrötler die philosophische Begabung ohne weiteres absprechen, seine Bedeutung neben einem Feuergeist wie Bakunin auch im Anarchismus gering einschätzen, dennoch bleibt die Tatsache bestehen, daß er gegenüber den Versuchen der beiden Freunde in Brüssel [Marx und Engels] die genaue Gegenposition errichtete und diese nicht wenig konsequent entfaltete. Sie bewirkte, daß Marx seinen eigenen Weg noch klarer sah.

1970

Fritz MAUTHNER

Mit Stirner könnte ich meine Geschichte der Gottlosigkeit im Abendlande abschließen, wenn ich nicht die Pflicht fühlte, eine Nachlese zu halten und zu zeigen, wie rückständig und verwachsen im Grunde die Freigeisterei geworden ist, seitdem sich doch fast alle geistig arbeitenden Menschen zur Freigeisterei bekennen.

1923

Herbert READ

„Die Fragen, die Stirner aufgeworfen und auf die Marx geantwortet hat", bemerkt Sidney Hook in einem brillanten Buch über die geistige Auseinandersetzung jener Periode [From Hegel to Marx, London 1936], „haben einen entschiedenen Bezug zu den geistigen Konflikten im heutigen Europa und Amerika. Ja, wir möchten sogar behaupten, daß Stirner und Marx hier Grundsatzprobleme jedes nur möglichen Systems der Ethik bzw. öffentlichen Moral diskutieren." Das wurde 1936 geschrieben; und heute, nach einem zweiten Weltkrieg, der alle diese Grundsatzprobleme erst recht in den Brennpunkt gerückt hat, ist die „Einschlägigkeit" der Stirnerschen Philosophie nur um so offenkundiger.

1960

Arnold RUGE

Sein Buch ist ein kühner Morgenruf in dem Lager der schlafenden Theoretiker ... [Es] ist allerdings selbst nur Theorie, es hat keine Parteimasse hinter sich, die es bewegen könnte ... aber es beendigt eine bedeutende Entwicklungsreihe, den Verlauf der deutschen Philosophie oder die theoretische Bewegung der Deutschen, und während die Publizisten und Dichter die praktische Bewegung der Massen wirklich beginnen, tritt im Egoismus die Philosophie selbst aus dem Kopf ins Herz und ins Blut.

[Stirners Buch] ist das erste leichte, genießbare und vollkommen für jedermann geschriebene philosophische Werk.

1846

Kurt Adolf MAUTZ

Stirners Philosophie stellt sich dar als eine Mythologie des neunzehnten Jahrhunderts ... eine offensichtliche geschichtliche Utopie ... eine Mythologie des liberalistischen Individualismus, der auf seiner äußersten Spitze in die Anarchie umschlägt.

Es versteht sich von selbst, daß die Lösungen und Aufstellungen der individualistischen Weltanschauung Max Stirners in geistiger, sozialer, politischer Hinsicht usw. für unser Zeitalter überholt und zum Teil überhaupt indiskutabel sind.

1936

Rudolf STEINER

Man kann von Nietzsches Entwickelung nicht sprechen, ohne an den freiesten Denker erinnert zu werden, den die neuzeitliche Menschheit hervorgebracht hat, an Max Stirner ... Stirner hat bereits in den vierziger Jahren dieses Jahrhunderts Nietzsches Weltanschauung ausgesprochen. Allerdings nicht in solchen gesättigten Herzenstönen wie Nietzsche, aber dafür in kristallklaren Gedanken, neben denen sich Nietzsches Aphorismen allerdings oft wie ein bloßes Stammeln ausnehmen. –

[Nietzsche] mußte sich durch die Anschauungsweise Schopenhauers durchbewegen ... Das hat der Geist der Zeit verschuldet, in der er seine Jugendjahre verlebt hat, der Geist, der Schopenhauers würdelose Lehre von der Erörterung des Willens zum Leben gierig einsog, und der nichts ahnte von dem stolzen Denker, der die Freude am Leben lehrte, weil er erkannt hatte, daß das Leben des „Einzigen“ das wertvollste auf der Welt und daß es eitel Aberglaube ist, wenn der Mensch nicht um seiner selbst, sondern um eines andern willen leben will.

1895, 1898

Arthur DREWS

Es ist geradezu sein [Nietzsches] philosophisches Verdienst, mit der Kantischen Halbheit in Beziehung auf das Subjekt der Erkenntnisfunktion aufgeräumt und die Auffassung des Selbst als eines individuellen Wesens zum individualistischen Radikalismus zugespitzt zu haben. Damit bildet Nietzsche das moderne Gegenstück zu *Stirner*, der den gleichen Schritt über den subjektiven Idealismus *Fichtes* hinüber gemacht hat, nur daß Stirner von beiden der schärfere Denker ist und mit einer ans Diabolische anstreifenden Verstandeskälte seinen Standpunkt des Solipsismus bis in die äußersten Konsequenzen durchgeführt hat.

1904

Ricarda HUCH

Das Stirnersche Werk *Der Einzige und sein Eigentum* gehört zu den bemerkenswertesten Büchern, die in dieser an literarischen Überraschungen reichen Periode erschienen, ein geniales, einsames Buch, ein vorübergehender Blitz, der nicht einschlug, dem kein Gewitterregen folgte, eine glänzende, von wenigen wahrgenommene Erscheinung ... Es hat etwas wundervoll Befreiendes, wenn Stirner allen den Schlichen, die den Menschen frei zu machen behaupten und ihn vielmehr in einen Käfig sperren, den natürlichen, offenen Egoismus und die Kraft des lebendigen Menschen entgegensetzt ... [Aber] mit Stirners Buch stimmt etwas nicht. Der Schneidigkeit seiner Kritik entsprechen die schaffenden Gedanken nicht ... Es war nichts damit gewonnen, wenn künftig der Stärkere, indem er den Schwächeren in den Sack steckte, das Gefühl hatte, ein Held zu sein ... [Stirner] war kein Löwe, wenn er auch einmal wie ein Löwe gebrüllt hatte. Es ist tragisch, daß der Mensch, der in der Zeit der Entpersönlichung für das Recht der Persönlichkeit eintrat, selbst keine war.

1948

Anhang:

Bernd A. Laska

Vade retro!
Zur Repulsionsgeschichte von Stirners *Einzigem*[1]

I

Mit „Stirners *Einzigem*" ist das Buch *Der Einzige und sein Eigentum* von Max Stirner gemeint, das gegen Ende des Vormärz erschien. Das Buch war ein Skandalon, ein paradoxes Skandalon allerdings, weil es ideengeschichtlich dort am eingreifendsten wirksam wurde, wo die Reaktion verborgen und indirekt blieb, bei Marx und Nietzsche. Ich habe den diffusen Status des *Einzigen*, der sich daraus ergab und den er, obwohl kein Mangel an Sekundärliteratur herrscht, im Grunde bis heute behielt, in einer Wirkungsgeschichte dargestellt und diese mit einem sprechenden Neologismus eine Re(pulsions- und De)zeptionsgeschichte genannt.[2]

Auf die Repulsionsgeschichte des *Einzigen* gemünzt ist das „Vade retro!" im Titel, denn eine Reihe durchaus bedeutender Denker sah in Stirners Ideen tatsächlich den Inbegriff des Bösen, Teuflischen bzw. „aufgeklärterweise" den Einbruch des Tierischen, Unmenschlichen, Barbarischen, Zerstörerischen in die kulturelle Welt. Einige waren dabei so entschieden, dass sie ihre philosophische Position wesentlich – wenngleich undeklariert – in Abwehr von Stirners Ideen entwickelten.

Ich werde – nach einer biografischen Skizze zu Leben und Werk Stirners – diese Repulsionsgeschichte in ihren markanteren Stationen wie in einem Parcours durchlaufen, um zu zeigen, dass diese Bezeichnung adäquat ist. Die mit ihr verwobene Dezeptionsgeschichte, also die das Inhaltliche betreffenden Täuschungen, Selbsttäuschungen und Verdrängungen der Abwehrenden, können hier nur beiläufig zur Sprache kommen. Dabei werde ich auf die Reaktionen von vier Philosophen genauer eingehen, deren formative Jahre in den Vor- sowie den – etwas ausgedehnten – Nachmärz fallen: Karl Marx (1818–1883), Eduard von Hartmann (1842–1906), Friedrich Nietzsche (1844–1900) und Rudolf Steiner (1861–1925). – Eingedenk eines Diktums von Habermas, Adorno und anderen, wonach wir Heutigen – trotz Marx und Nietzsche – „Zeitgenossen der Junghegelianer geblieben

---

[1] Zuerst erschienen in: *Jahrbuch des Vereins „Forum Vormärz Forschung"*, Jahrgang 22 (2016), 71–100.

[2] Laska, Bernd A: *Ein dauerhafter Dissident. 150 Jahre Stirners „Einziger". Eine kurze Wirkungsgeschichte*, Nürnberg 1996, 7–9, hier 9.

sind",[3] erscheint es mir erlaubt und zu heuristischen Zwecken sogar geboten, den Zeitrahmen Vor-/Nachmärz bis in die Jetztzeit zu strecken, um weitere Stationen der Repulsion des Einzigen vorzustellen – bis zur vorerst letzten: Peter Sloterdijks säkularisierte Verteufelung der Stirner'schen Figur des „Eigners", indem er diese/n zu der singulären „Reflexionsgestalt" des von ihm so genannten „schrecklichen Kindes der Neuzeit" erklärt, des heutigen Massen-Typus der westlichen Zivilisation, des „Endverbrauchers".[4]

II

Max Stirner (1806–1856), bürgerlich Johann Caspar Schmidt, stammte aus Bayreuth. Er studierte in Berlin, hörte Philosophie bei Hegel und Theologie bei Schleiermacher, unterbrach aber nach vier Semestern, „häuslicher Verhältnisse halber". In den nächsten Jahren ging er „Privatstudien" nach und unternahm „eine längere Reise durch Deutschland". Zwischendurch immatrikulierte er sich in Erlangen und Königsberg, zuletzt wieder in Berlin, um schließlich eine Lehrerlaubnis zu erhalten. Nach diesem fragmentierten und insgesamt kurzen Studium trat er im Alter von 33 Jahren seine erste bezahlte Stelle an, als Lehrer an einer privaten Berliner Töchterschule. Er hatte, anders als seine Altersgenossen Ludwig Feuerbach und Bruno Bauer, anders auch als der gut ein Jahrzehnt jüngere Karl Marx, eine akademische Karriere erst gar nicht angestrebt.

Neben seinem Brotberuf wirkte Stirner als Publizist, schrieb Zeitungskorrespondenzen und einige philosophische Artikel im Vorfeld seines Buches *Der Einzige und sein Eigentum*. Das Buch, eine Kritik der Hegelkritiker Feuerbach und Bauer und Darstellung seiner eigenen Position, erschien Ende Oktober 1844. Es war von der Zensur bedroht und betroffen, fand dennoch Verbreitung und erregte im späten Vormärz einiges Aufsehen. Es gab Rezensionen und eine Replik Stirners auf drei seiner Rezensenten, darunter Feuerbach. Die Debatte um den *Einzigen* war noch vor dem März 1848 beendet, u.a., weil dessen schärfste Kritik, von Marx, nicht veröffentlicht wurde. Stirner schrieb noch einige Artikel, übersetzte den französischen Ökonomen Say und kompilierte einen Textband *Geschichte der Reaction*.

Stirner war zweimal verheiratet. Die erste Ehe endete 1838 durch Tod der Ehefrau im Kindbett, die zweite, 1843 geschlossen, wurde 1846 geschie-

---

3 Habermas, Jürgen: *Der philosophische Diskurs der Moderne*, Frankfurt/M. 1985, 67; s.a. Adorno, Theodor W. u.a.: *Der Positivismusstreit in der deutschen Soziologie* [1961], Darmstadt 1972, 151.

4 Sloterdijk, Peter: *Die schrecklichen Kinder der Neuzeit*, Frankfurt/M. 2014, 452–470, hier 468.

den. Stirner hatte kurz vor Erscheinen seines Buchs die Lehrerstelle gekündigt. Die folgenden Jahre lebte er in wachsender Armut, war zweimal im Schuldgefängnis. Schließlich starb er mit 50 Jahren infolge „allgemeiner Geschwulst".[5]

III

Im späten Vormärz, ab ca. 1840, verkehrte Stirner bei den Berliner „Freien", einer informellen Gruppe von Oppositionellen: „eine philosophische Schule, eine politische Partei, eine journalistische Bohème und eine atheistische Sekte."[6] Deren philosophischer Kopf war der relegierte Privatdozent Bruno Bauer, der damals eine Position bezog bzw. eine Methode anwandte, die er „reine Kritik" nannte. Rivalisierend vertrat Ludwig Feuerbach, ebenfalls ein relegierter Privatdozent, der fernab in der fränkischen Provinz lebte, die „wahre Kritik". Beide waren sowohl Schüler als auch scharfe Kritiker Hegels und gingen als Jung- oder Linkshegelianer in die Geschichte ein. Mit diesen beiden Denkern hatte die deutsche Aufklärungsphilosophie einen – selten gewürdigten – Höhepunkt erreicht. Erstmals im deutschen Kulturraum vertraten beide eine klar atheistische Position – was denn auch der Grund für das Ende ihrer akademischen Karrieren war.

Ausgerechnet diese aufklärerische Pioniertat der beiden Philosophen, die von der Theologie herkamen, denunzierte der Mädchenschullehrer Stirner mit sarkastischer Schärfe: „Unsere Atheisten sind fromme Leute." (EE 203) Das war nicht bloß ironisch gemeint, sondern die aphoristische Essenz seiner fundamentalen Kritik. Stirner forderte darüber hinaus, nicht auf halbem Wege stehen zu bleiben: „Das Jenseits außer Uns ist allerdings weggefegt, und das große Unternehmen der Aufklärer vollbracht; allein das Jenseits in Uns ist ein neuer Himmel geworden und ruft Uns zu erneutem Himmelsstürmen auf." (EE [170]) Das war das Projekt, das er verfolgte.

Stirners Buch *Der Einzige und sein Eigentum* erschien ohne Vorankündigung Ende Oktober 1844, vordatiert auf 1845. Es unterlag wegen seines Umfangs von mehr als zwanzig Bögen zwar nicht der Vorzensur, erfuhr dann aber eine Reihe behördlicher Repressionen. Dank des geschickt agierenden Buchhändlers und Verlegers Otto Wigand, der schon Werke Feuerbachs, Bauers und anderer Oppositioneller auf den Weg gebracht hatte, erreichte es aber die meisten seiner potentiellen Adressaten.

Deren Reaktionen bezeugen den enormen Eindruck, den der *Einzige* auf sie machte. Für Feuerbach, neben Bauer der am heftigsten darin Atta-

---

5 Die Darstellung folgte den Angaben der einzigen Biografie Stirners: Mackay, John Henry: *Max Stirner, sein Leben und sein Werk*, Berlin ^{3}1914.

6 Eßbach, Wolfgang: *Die Junghegelianer. Soziologie einer Intellektuellengruppe*, München 1988, 20.

ckierte, war Stirner trotzdem zunächst einmal „der genialste und freieste Schriftsteller, den ich kennengelernt.“ Arnold Ruge, auch er ein relegierter Privatdozent, nannte Stirners Werk ein „sehr geistreiches Buch“, durch das sogar die neuesten junghegelianischen Publikationen, also die Bauers und Feuerbachs, „surpassiert“ seien. (DD 23f.) Friedrich Engels schrieb einen begeisterten, wenn auch teilweise ambivalenten Lektürebericht an Karl Marx, den er kurz zuvor persönlich kennen gelernt hatte.

Dies waren spontane Äußerungen in privaten Briefen. Die publizierten Reaktionen dieser und weiterer Leser des *Einzigen* sahen freilich anders aus. Zwar wurde dort auch immer wieder einmal die Kühnheit einiger Gedankenführungen Stirners konstatiert, sogar bewundert, aber schließlich das Werk in seiner Intention abgelehnt.[7] Die Gründe für die Ablehnung wurden kaum je deutlich genannt, vielleicht, weil man sie für zu evident hielt, um sie auszuschreiben, vielleicht auch, weil man nicht in heikle Bereiche vorstoßen wollte. Um welche Bereiche es sich hier handeln mag, umschrieb Karl Rosenkranz, Hegelianer, aber kein Jung- bzw. Linkshegelianer, in einem Tagebuch-Eintrag. Stirner habe, notierte er 1846, den Atheismus Bauers und Feuerbachs bis zur letzten Konsequenz gesteigert. Er sei „beim Naturzustande, bei der brutalen Gewaltherrschaft, bei der rücksichtslosen Licenz für alle Begierde und Leidenschaft, bei der Apotheose des Egoismus und des Nichts angelangt“, kurz: beim „Nihilismus alles ethischen Pathos.“ (DD 106) Der damals noch wenig gebräuchliche Begriff des Nihilismus – den Stirner übrigens nie verwandte – wird in der Repulsionsgeschichte des Einzigen noch häufig zum Einsatz kommen.

Der substanzielle Kern der öffentlich geführten Debatte um den *Einzigen* bestand aus drei Kritiken – eine von Feuerbach (anonym), eine von Szeliga (pseudonym), einem Anhänger Bauers, und eine von Moses Hess, der damals Marx nahe stand – sowie einer Replik Stirners auf diese: *Recensenten Stirners* (PKR 147–205). Marx enthielt sich einer öffentlichen Stellungnahme. Er vermied es sogar, in seiner Polemik *Die heilige Familie gegen Bruno Bauer und Consorten*, die im März 1845 erschien, Stirner oder den *Einzigen* zu erwähnen. Stirner hatte mit seiner Entgegnung auf jene drei Kritiker vom September 1845 das letzte Wort in der Debatte. Auf eine spätere (anonyme) Wortmeldung Bauers antwortete er nicht mehr,[8] ebenso nicht auf eine Kritik, die Kuno Fischer, damals noch Student, auf Anregung Arnold Ruges verfasste. (PKR 207–222, 225)

---

7 Fleming, Kurt W. (Hg.): *Max Stirner's* Der Einzige und sein Eigentum *im Spiegel der zeitgenössischen deutschen Kritik. Eine Textauswahl (1844–1856)*, Leipzig 2001, Nachwort: 150–154.

8 Bauers Replik *Feuerbach und der Einzige* erschien im gleichen Band von *Wigand's Vierteljahrsschrift*, Sept.1845 wie *Stirners Recensenten*. Nachdruck in Fleming 2001, 35–45.

Die Diskussion um den *Einzigen* verebbte noch vor dem März 1848, scheinbar ohne greifbares Resultat. Die Repliken auf Stirners Kritik an Bauer und Feuerbach tragen jedoch deutliche Merkmale von Rückzugsgefechten. Am sprechendsten ist, dass Bruno Bauer seine „reine Kritik" stillschweigend aufgab und das Gebiet der Philosophie zugunsten historischer Studien verließ; und dass Ludwig Feuerbach, wie mehrere Biografen konstatierten, infolge der Kritik des *Einzigen* Abstand von seinem Hauptwerk *Das Wesen des Christentums* nahm und seine philosophische Position erheblich modifizierte, ebenfalls stillschweigend.[9]

IV

Die intensivste der zeitgenössischen Reaktionen auf Stirners *Einzigen* war jedoch die Polemik *Sankt Max* von Karl Marx, an der auch Friedrich Engels mitgewirkt hatte. Sie war von aggressiver Weitschweifigkeit, übertraf das kritisierte, ohnehin überlange Werk an Länge und war die engagierteste Streitschrift, die Marx jemals gegen einen einzelnen Autor verfasst hat. Zwei Punkte verdienen dabei besonderes Interesse: 1) Marx' Polemik blieb damals unveröffentlicht (zu den Gründen später); 2) sie wurde 1932, nachdem Marx der epocheprägende Denker geworden war, zwar vollständig veröffentlicht (im Rahmen der ersten Marx-Engels-Gesamtausgabe), aber von Marxforschern aller ideologischen Richtungen in der Regel übergangen, beschwiegen, vereinzelt am Rande erwähnt, belustigt, kopfschüttelnd, ratlos (auch dazu später mehr).

In der neuesten umfassenden Marx-Biografie steht der Autor Jonathan Sperber verwundert vor dem „obsessiven Interesse" seines Protagonisten an Stirner, vor der „zwanghaft anmutenden Aufmerksamkeit für einen eindeutig zweitrangigen Autor". Sperber findet die plausibelste Erklärung auf privatem Gebiet. Zum einen habe es kurz zuvor Verstimmungen zwischen Marx und Engels gegeben, weil Engels eine Freundin aus dem Arbeitermilieu hatte. Außerdem habe Marx seinen Kölner Freunden gegenüber geäußert, Engels verfüge nicht über die geistige Kapazität, um die Theorie und die philosophische Kritik vorwärts zu bringen. Sperber deutet demnach die gemeinsame Arbeit an dem monströsen *Sankt Max*, der „alle Proportionen sprengt", als ein „Zusammenraufen", als „Mittel zur Wiederherstellung der Freundschaft" der beiden.[10]

Ich möchte hier eine andere Sicht der Vorgänge vorstellen, die zu der überstürzten, fast ein halbes Jahr andauernden Arbeit am *Sankt Max* ge-

9 Zuletzt Tomasoni, Francesco: *Ludwig Feuerbach. Entstehung, Entwicklung und Bedeutung seines Werks*, Münster 2015, 319f.

10 Sperber, Jonathan: *Karl Marx – sein Leben und sein Jahrhundert*, München 2013, 176, 188.

führt haben, deren Motor zweifelsohne Marx war. Dabei werde ich keine neuen Belege präsentieren, sondern die seit langem bekannten[11] so auswerten, dass das damals noch nicht etablierte geistige Gefälle zwischen dem Epochendenker und dem Mädchenschullehrer vorderhand nicht ins Gewicht fällt. Das Geschehen lässt sich zweckmäßig in zwei Etappen darstellen: 1) vom ersten persönlichen Treffen von Marx und Engels bis zum Entschluss von Marx, seine Kritik am *Einzigen* auszuarbeiten; 2) vom Beginn der Abfassung des *Sankt Max* bis zum Scheitern der Publikationsbemühungen im Rahmen des Konvoluts *Die deutsche Ideologie*. Die tabellarische Form soll der Orientierung an der hier besonders zu beachtenden chronologischen Abfolge dienen.

Erste Etappe:
* August 1844: Engels besucht Marx, den er bisher nicht persönlich kannte, in seinem Pariser Exil. Beide vereinbaren, ihre Abkehr von der Lehre der „reinen Kritik" Bruno Bauers mit einer kurzen gemeinsamen Schrift zu besiegeln: *Kritik der kritischen Kritik*. Engels schreibt seinen Anteil, der nur gut einen Bogen füllte, noch in Paris.
* Anfang Oktober 1844, Engels an Marx (MEW 27, 5–8): „Schreib mir doch, ... was die Broschüre macht, sie wird jetzt doch wohl fertig sein."
* 7. Oktober 1844, Marx an den Verlag Hoffmann & Campe (HF 158): Anfrage über den Verlag einer „Broschüre von ungefähr 10 Bogen gegen Bruno Bauer und seinen Anhang."
* Ende Oktober 1844: Stirners *Einziger* erscheint bei Otto Wigand in Leipzig.
* 19. November 1844, Engels an Marx (MEW 27, 9–13): enthält einen längeren Bericht über seine Lektüre von Stirners *Einzigem*. Engels zeigt sich von dem Werk beeindruckt und meint, was an dem „Prinzip des edlen Stirner", an seinem „Verstandesegoismus", wahr sei, „müssen wir auch aufnehmen." Dessen „Einseitigkeit" sei freilich zu ergänzen, durch den „Egoismus des Herzens – Ausgangspunkt für unsere Menschenliebe". – Allerdings: „... langweilt mich all dies theoretische Geträtsch alle Tage mehr, und jedes Wort, das man noch über ‚den Menschen' verlieren, jede Zeile, die man gegen die Theologie und Abstraktion wie gegen den krassen Materialismus schreiben oder lesen muss, ärgert mich."
* Dezember 1844, Marx an Heinrich Börnstein, den Herausgeber des *Pariser Vorwärts* (MEW 27, 432): „Es ist mir unmöglich, vor der nächsten Woche Ihnen die Kritik Stirners zu liefern. Lassen Sie also das Probeexemplar ohne meinen Beitrag abgeben, Bürgers wird Ihnen dagegen einen Aufsatz liefern."

[11] HF und NDDI.

* Ende Dezember 1844, Marx an Engels: ist nicht überliefert, sein Inhalt aber aus Engels' Brief vom 20. Januar 1845 zu erschließen.
* 20. Januar 1845, Engels an Marx (MEW 27, 14–18): „Was den Stirner betrifft, so bin ich durchaus mit Dir einverstanden. Als ich Dir schrieb, war ich noch zu sehr unter dem unmittelbaren Eindruck des Buchs befangen, seitdem ich es hab liegen lassen und mehr durchdenken können, find ich dasselbe, was Du findest". Was Marx über den *Einzigen* dachte, decke sich, so Engels, mit dem Urteil ihres gemeinsamen Freundes Moses Hess. Dieser habe ihm aus einem Manuskript für eine Broschüre über Bruno Bauer und Max Stirner vorgelesen (sie erschien im Juni 1845: *Die letzten Philosophen*) – Engels ist verwundert über den Eifer, mit dem Marx das Projekt betreibt: „Dass Du die Kritische Kritik bis auf zwanzig Bogen ausgedehnt, ist mir allerdings verwunderlich genug gewesen ... Wenn Du aber meinen Namen auf dem Titel hast stehen lassen, so wird das sich kurios ausnehmen, wo ich kaum anderthalb Bogen geschrieben habe."
* 1. Februar 1845 (MEW 27, 669): Marx schließt einen Vertrag mit dem Verlag Leske über die Herausgabe eines Werks *Kritik der Politik und Nationalökonomie* (2 Bände, je 20 Bogen) für ein Honorar von 3000 Francs ab.
* 7. März 1845, Engels an Marx (MEW 27, 22): „Die Kritische Kritik ist noch immer nicht hier! Der neue Titel: *Die heilige Familie* wird mich wohl in Familienhäkeleien mit meinem frommen, ohnehin jetzt höchst gereizten Alten bringen, das konntest Du natürlich nicht wissen. Wie aus der Ankündigung hervorgeht, hast Du meinen Namen zuerst gesetzt, warum? Ich hab ja fast nichts daran gemacht ..."
* 14. März 1845: *Die heilige Familie* ist lt. Börsenblatt erschienen. Die Vorrede hat Marx auf den September 1844 datiert, also vor das Erscheinen von Stirners Einzigem, und mit „Engels Marx" gezeichnet. Engels ist auch auf dem Titelblatt der erstgenannte Verfasser, obwohl er lt. Inhaltsverzeichnis weniger als 10% des Textes beitrug. Marx erweiterte und korrigierte seinen Anteil vermutlich bis Mitte Februar 1845 (Mitte Januar 1845 bat der Verleger Löwenthal darum, keine weiteren Korrekturen vorzunehmen, da dann das Buch Anfang Februar erscheinen könne; HF 165).
* 17. März 1845, Engels an Marx (MEW 27, 24–28): „Die Kritische Kritik ... ist ganz famos. Deine Auseinandersetzungen ... sind prächtig ... Aber bei alledem ist das Ding zu groß. Die souveräne Verachtung, mit der wir beide gegen [Bauers] Literaturzeitung auftreten, bilden einen argen Gegensatz gegen die 22 Bogen, die wir ihr dedizieren." Diese dezente Kritik an Marx' Eifer versucht er anschließend zu neutralisieren, wenn er anregt, ein bestimmter Rezensent möge „den Grund erwähnen, aus welchem ich nur wenig und nur das, was ohne tieferes Eingehen auf die Sache

geschrieben werden konnte, bearbeitet habe – meine zehntägige, kurze Anwesenheit in Paris. Es sieht ohnehin komisch aus, dass ich vielleicht 1 ½ Bogen und Du über 20 drinhast."

In diesem Buch bekennt sich Marx klar zu Feuerbach, schon im ersten Satz: „Der reale Humanismus [Feuerbachs] hat in Deutschland keinen gefährlicheren Feind als … die Bauersche Kritik." Es sind keinerlei Anzeichen dafür erkennbar, dass Marx wenig später seine kritischen *Thesen über Feuerbach* notieren wird.

Bemerkenswert: Marx bringt seine Kritik an Stirner, die er bereits im Dezember 1844 publizieren wollte, hier nicht ein, erwähnt ihn nicht einmal. Auch Engels schweigt jetzt zu Stirner.

* „Frühjahr 1845" (undatiert, nicht vor Mitte April): Marx schreibt in ein Notizbuch unter dem Titel *I. ad Feuerbach* die später so genannten Thesen über Feuerbach. Sie wurden erstmals postum, 1888, von Engels veröffentlicht und von ihm als „genialer Keim der neuen Weltanschauung" apostrophiert.
* 10. Mai 1845, Artikel von Engels in: The New Moral World, *Rascher Fortschritt des Kommunismus in Deutschland III* (MEW 2, 515-520, hier 519): „Die Herren Marx und Engels haben eine ausführliche Widerlegung der von B[runo] Bauer verteidigten Prinzipien veröffentlicht; und die Herren Hess und Bürgers sind dabei, die Theorie von M[ax] Stirner zu widerlegen. Bauer und Stirner sind die Vertreter der letzten Schlussfolgerungen der abstrakten deutschen Philosophie und deshalb die einzigen bedeutenden philosophischen Gegner des Sozialismus – oder vielmehr des Kommunismus …" – „Im Druck sind auch Dr. Marx' *Kritik der Politik und Nationalökonomie* …" (Hier irrt Engels; wahrscheinlich hatte Marx noch nicht einmal ein Manuskript.)
* Mitte Juni 1845: Moses Hess, *Die letzten Philosophen*, erscheint im Verlag Carl Leske, Darmstadt.
* Mitte Juli bis Ende August 1845: Marx und Engels bereisen England, das damals fortgeschrittenste kapitalistische Land, um Studien vor Ort zu betreiben, Materialien zu sammeln, Kontakte zu pflegen.

Die Hauptfrage, die sich am Ende dieser Etappe eigentlich aufdrängt, lautet: Warum hat Marx seine im Dezember 1844 angekündigte Stirner-Kritik nicht ausgeführt, weder als Rezension des *Einzigen* noch im Rahmen seiner mehr als 20 Bogen füllenden Kritik an „Bruno Bauer und Consorten"? Sie wurde erstaunlicherweise bisher nicht mit Nachdruck gestellt. Dabei gibt es zwei klare Belege von Marx, die sie – ungewollt – beantworten. Der erste ist das Vorwort der im März 1845 erschienenen *Heiligen Familie*. Marx datierte es auf den September 1844, also auf einen Zeitpunkt, zu dem Stirners *Einziger* noch nicht erschienen war. Das war kein Lapsus, sondern eine gezielte Suggestion: Auch im Buch fehlt jede Andeutung eines Bezugs zum

Buch oder zu früheren Artikeln Stirners. Der zweite Beleg steht in der *Deutschen Ideologie*, und zwar als Replik auf einen Satz Bauers in einem Artikel vom September 1845: „Was Engels und Marx noch nicht konnten, das vollendet M. Hess." Darauf Marx triumphierend: „Und was ist das Was, das Engels und Marx noch nicht konnten? Nun, nichts mehr und nichts weniger, als – Stirner kritisieren. Und warum ... Aus dem zureichenden Grunde, weil – Stirners Buch noch nicht erschienen war, als sie die *Heilige Familie* schrieben." (MEW 3, 98) Ob es sich bei diesen Fehldarstellungen um bewusste Lügen oder Folgen der Verdrängung irritierender Fakten handelt, muss freilich dahingestellt bleiben.

Zweite Etappe:
September 1845: Band 3 von *Wigand's Vierteljahrsschrift* erscheint, darin der Artikel *Recensenten Stirners* von M[ax] St[irner]. Der Rezensierte antwortet darin auf drei Kritiker seines Ende Oktober 1844 erschienenen *Einzigen*: Szeliga (März 1845, als Vertreter Bauers) Feuerbach (Juli 1845, anonym in eigener Sache) und Hess (Juni 1845, als Vertreter Marx' – lt. Engels; s.o. Bf. v. 20. Januar 1845).

Marx ist elektrisiert. Im Dezember 1844 hatte er sein Vorhaben, eine Kritik des *Einzigen* zu schreiben, zurückgenommen und dies seinem Mitstreiter Moses Hess überlassen. Jetzt sieht er, wie souverän Stirner in seiner Replik die Hess'sche Kritik des *Einzigen* pariert, und auch, wie kraftlos sich Feuerbach gegen Stirner zur Wehr zu setzen versucht. Marx beschließt, selbst gegen Stirner zur Feder zu greifen, und wie schon bei der Polemik gegen Bauer et al., zieht er Engels in das sich ihm plötzlich aufdrängende Buchprojekt hinein, trotz dessen Abneigung gegen das „theoretische Geträtsch" (s.o. Bf. v. 19. November 1844).

Marx reagiert sofort und setzt neue Prioritäten für seine Arbeit. An erster Stelle steht jetzt eine Erwiderung auf Stirner, nachfolgend Texte über Bauer, Feuerbach und andere, die später unter dem Titel *Die deutsche Ideologie* zusammengefasst werden. Die Arbeit an dem von seinen Freunden dringend erwarteten Buch *Kritik der Politik und Nationalökonomie* (s.o.: 1. Februar 1845), dessen Honorar von 3000 Francs ihn zudem aus seiner finanziellen Dauerkrise gerettet hätte, lässt er liegen, so lange, bis der Verleger Leske, nach einer Fristverlängerung, am 2. Februar 1847 den Vertrag wegen Nichterfüllung kündigt. (NDDI 90)

Marx gibt seiner Kritik an Stirner den Titel *Sankt Max*. Er arbeitet an dem Text, der rund 35 Bogen füllt, zwei Drittel des späteren Konvoluts der *Deutschen Ideologie*, von September 1845 bis April 1846. Fast acht Monate befasst er sich also mit den Ideen eines Mannes, den er den „hohlsten und dürftigsten Schädel unter den Philosophen" (MEW 3, 435) nennt. Er steigert sich dabei in eine stark repetitive, manisch ausufernde Polemik, natürlich voller bissiger Ironie und Sarkasmus, in der die Worte „Sankt" und

„heilig" dominieren, insgesamt an sage und schreibe 436 bzw. 597 Stellen. Der Eindruck von Exerzitien, von Übungen einer auto-exorzistischen Aktion, stellt sich bei der Lektüre unweigerlich ein. Man meint, immer wieder das Vade retro! des sich verzweifelt wehrenden Geistes zu hören.

An den Bemühungen, einen Verlag für das voluminöse Werk zu finden, waren eine Reihe von Personen beteiligt, die die Arbeiten von Marx sehr schätzten, wenngleich die meisten sein exzessives Eingehen auf das „theoretische Geträtsch" (Engels) der Junghegelianer, insbesondere auf Stirner, für weitgehend überflüssig gehalten haben dürften. Die Suche nach einem Verleger war vor allem durch den gewaltigen Umfang des Manuskripts erschwert. Marx schien aber nicht bereit, den monströsen Stirner-Teil zu kürzen.

Die überlieferten Dokumente zu den Publikationsbemühungen für die *Deutsche Ideologie* sind einerseits sehr umfangreich, andererseits dennoch sehr lückenhaft. Eingedenk der hier in ihren wichtigsten Stationen skizzierten Vorgeschichte und in Kenntnis des weiteren Umgangs mit diesem Schlüsselwerk einer epocheprägenden Theorie liegt nahe, dass Marx selbst, anders übrigens als Engels und sonstige Parteigänger, Zweifel bekam, ob es klug sei, das enragierte Werk zu veröffentlichen. Das größte Hindernis hatte er im Grunde selbst errichtet, indem er seinem Anti-Stirner-Furor freien Lauf gelassen und 35 Bogen (in MEW 3: 336 Seiten) Polemik produziert hatte. Dennoch schien ein Verleger nahe daran, die *Deutsche Ideologie* drucken zu lassen. Doch Marx zögerte, wohl nicht zum ersten Mal, wie der fast flehentliche Brief des besorgten Engels vom 9. März 1847 vermuten lässt: „... wie dringend es nötig ist, dass entweder Dein Buch [*Kritik der Politik und Nationalökonomie*] oder unsere Manuskripte [*Die deutsche Ideologie*] so rasch wie möglich erscheinen ... Lass den Bremer [Verleger] also nicht fahren ... Akzeptiere das möglichst Geringe, im Notfall ... Bei einer solchen Gelegenheitsschrift [sic!] kommt man allmählich auf einen Punkt, wo hohes Honorar als Forderung des schriftstellerischen *point d'honneur* ganz beiseite gesetzt werden muss." (NDDI 103) Ein Vertrag kam wiederum nicht zustande. Engels war offenkundig von Marx nicht darüber informiert worden, dass sein Buchprojekt zur *Nationalökonomie* bereits gescheitert war, und dies vor allem deshalb, weil Marx es wegen *Sankt Max* und einigen kleineren zur *Deutschen Ideologie* gebündelten Arbeiten zurückgestellt hatte, dabei den erheblichen finanziellen Verlust in Kauf nehmend.

Marx und Engels hatten damals an sich kein Problem, einen Verlag zu finden: *Die heilige Familie* (1845), *Die Lage der arbeitenden Klasse in England* (1845), *Das Elend der Philosophie* (*Misère de la philosophie*, 1847), *Manifest der Kommunistischen Partei* (1848). Wenn die Manuskripte der *Deutschen Ideologie* (1845/46) keinen Verleger fanden, so lag das wahrscheinlich an der subtilen Selbstsabotage von Marx, die er durch die maßlose Aufblähung des *Sankt Max* und unrealistische Honorarforderungen kaschierte.

Ein Jahrzehnt später umschrieb Marx die damalige Situation anders: Es sei ihm, wie auch Engels, darum gegangen, mit seinem „ehemaligen philosophischen Gewissen abzurechnen." Hauptzweck der Schrift sei „Selbstverständigung" gewesen. Deshalb sei es ihnen leicht gefallen, sie – mit einer oft zitierten Wendung – „der nagenden Kritik der Mäuse" zu überlassen.[12]

Jedenfalls schien Ende 1847 für beide Autoren das Thema Stirner bzw. *Einziger* erledigt, für den thematisch desinteressierten Engels („Gelegenheitsschrift") ohnehin, für Marx nach einem Kraftakt an Verdrängung. Eine „Kontroverse" zwischen Stirner und Marx, von der später gelegentlich die Rede war, fand nicht statt, weil Marx seine Kritik nicht öffentlich machte.

V

Nach der Zäsur des März 1848 war der *Einzige*, wie der Junghegelianismus der nun „Vormärz" genannten Zeit überhaupt, kein umstrittenes Thema mehr. Die einstigen Akteure, Feuerbach, Bauer, Marx u.a., wandten sich anderen Problemen zu; Stirner verstummte. Der *Einzige* blieb für etwa vier Jahrzehnte quasi verschollen. In dieser Zeit des (gestreckten) „Nachmärz" wirkte er dennoch klandestin weiter, wie eine Reihe von Zeugnissen belegen. Wo diese nicht nur in Andeutungen bestanden, waren sie eine eindeutige philosophische Abwehr, bei der das „Vade retro!" deutlich oder verklausuliert zum Ausdruck kam.

Georg Friedrich Daumer (1800–1875, Theologe, Philosoph, Privatgelehrter, Erzieher Kaspar Hausers) war in den 1840er Jahren ein persönlicher Freund und Mitstreiter Feuerbachs. Karl Marx lobte ihn einmal als Religionskritiker, weil er in seinem 1847 erschienenen Werk *Geheimnisse des christlichen Altertums* nachgewiesen habe, „dass die Christen wirklich Menschen geschlachtet und im Abendmahl Menschenfleisch gegessen und Menschenblut getrunken haben." Durch diesen Nachweis, so Marx, „bekommt das Christentum den letzten Stoß."[13] Obwohl Daumer fast gleichzeitig mit Stirner ein Buch erscheinen ließ, in dem er sich, wie Stirner, kritisch mit Feuerbach und Bauer auseinandersetzt, äußerte er sich vorerst zu Stirner nicht. Erst zwei Jahrzehnte später, 1864, nachdem er über einige Zwischenstationen Katholik geworden war, gibt er einen Rückblick auf die „deutsche Philosophie nach Hegel als altadamischer Selbstbejahungs- und Selbstenthüllungsprozess" – und auf dessen „monströses Resultat", Stirners *Einzigen*. Er zeigt sich ambivalent zwischen äußerster Verachtung des Stirner'schen Ich, das „unmenschlicher und verabscheuungswürdiger als die wildeste, grausamste Bestie" sei, und höchster Anerkennung für die

[12] Marx, Karl: *Zur Kritik der Politischen Ökonomie*, in: MEW 13, 615–642, hier 618.

[13] Marx, Karl/Engels, Friedrich: (Erste) *Gesamtausgabe* (MEGA 1, 1927–1935), Abt. I, Bd. 6, 639f.

„vollendete Ehrlichkeit und Offenheit", mit der Stirner es bloßgestellt habe: „Der Teufel verdient unseren Dank, wenn er uns sagt, dass er der Teufel ist."[14] Als Katholik scheut Daumer sich nicht, das „Vade retro!" unverhüllt und unverblümt zu Tage treten zu lassen.

Solche Direktheit wird man von dem Neukantianer Friedrich Albert Lange (1828–1875) in seiner 1866 erschienenen *Geschichte des Materialismus* nicht erwarten. Er war aber immerhin einer der wenigen Autoren, die in den vier Jahrzehnten nach 1848 das „berüchtigte" Werk überhaupt erwähnten, mit wenigen Sätzen als Appendix zu Feuerbach. Diesem kreidet er an, dass er „in seinem Kampf gegen die Religion ... in den theoretischen Egoismus zurück fiel." Abrupt springt Lange zu Stirner als dem „Mann, welcher in der deutschen Literatur am rücksichtslosesten und konsequentesten den Egoismus gepredigt hat" und/aber „gegen Feuerbach in entschiedener Opposition" stehe. Der kurze Abschnitt über Stirners Buch, „das extremste, das wir überhaupt kennen", dessen Autor „so weit [geht], jede sittliche Idee zu verwerfen", gerät Lange konfus und bleibt stichwortartig. Stirner stünde, befindet er kurzerhand, dem Materialismus zu fern und habe außerdem zu wenig Einfluss gehabt, „als dass wir länger bei ihm verweilen dürften." Kurz: ein überstürzter Rückzug, eine flaue Ausrede statt eines standhaften „Vade retro!"[15]

Eine nicht derartig ausweichende Position gegenüber Stirner vertrat Eduard von Hartmann (1842–1906), ein Privatgelehrter, der mit seinem Erstling, der *Philosophie des Unbewussten* (1869ff., 12 Auflagen), schlagartig berühmt wurde, eine akademische Laufbahn (angebotene Professuren in Göttingen, Leipzig, Berlin) aber ablehnte. Hartmann wurde gleichwohl ein einflussreicher Philosoph im letzten Drittel des 19. Jahrhunderts. Hier hervorzuheben ist, dass er berichtet, als junger Mann dem nihilistischen „Stirner'schen Standpunct ... einmal ganz angehört" zu haben. Im Gang durch diese Schule sieht er die Voraussetzung dafür, dass er diesen „exclusiven Egoismus" in seiner Wurzel brechen und endgültig überwinden konnte. Er empfiehlt deshalb mit Nachdruck den *Einzigen* als „Buch, das Niemand, der sich für practische Philosophie interessirt, ungelesen lassen sollte."[16]

Hartmanns Aussagen zu Stirner, die dennoch auf nur 3 von 700 Seiten – n.b. gegen Ende – des Hauptwerks und teils verstreut in späteren Aufsät-

---

14 Daumer, Georg Friedrich: „Zugabe", in: ders.: *Das Christenthum und sein Urheber*, Mainz 1864, 118–136.

15 Lange Friedrich, Albert: *Geschichte des Materialismus* [1866], Frankfurt/M. 1974, 528f.

16 Hartmann, Eduard von: *Philosophie des Unbewussten* [1869], Leipzig [12]1923, Bd. 2, XIII, 370–373.

zen und Ergänzungen bei Neuauflagen vorliegen,[17] schwanken zwischen Faszination – die sich auch noch in seinen späten Schriften zeigt – und entschiedenster Verdammung. Angesichts der überraschend einsetzenden Popularität, die Nietzsches Schriften in den 1890er Jahren erfuhren, fügte er deutliche Zusätze „letzter Hand" hinzu:

> Das Ideal aber, welches Stirner an die Stelle des Feuerbach'schen setzte, war eine menschenwidrige Ungeheuerlichkeit, eine inhumane Monstrosität, und es wurde dadurch um nichts besser, dass Nietzsche ihm die Bezeichnung des „Übermenschen" beilegte.

Und später im gleichen Buch:

> Nietzsche hat die Stellungnahme Stirners erneuert ... So erhebt sich nach allen Anstrengungen, die wir gemacht haben, eine autonome Sittlichkeit zu begründen, zum letzten Male der Widersacher: der Böse in eigenster Person, d.h. der souveräne Eigenwille ... Diese Auflehnung des Eigenwillens gegen die Zumutung des formellen Verzichtes auf seine Souveränität ist aber nicht etwa ein ungewöhnliches, absonderliches Phänomen, sondern es ist das radikal Böse selbst, jene tiefinnerste Wurzel des Bösen, die in jedem Herzen wuchert.[18]

Vade retro!

Friedrich Nietzsche (1844–1900) ist in Hinblick auf die Repulsionsgeschichte des *Einzigen* selbstverständlich ein ebenso herausragender Fall wie Karl Marx. Als Philosoph gleichfalls erst postum zu voller, aber dann dominanter Wirkungsmacht gekommen, hinterließ er jedoch keinen *Sankt Max*. Im Gegenteil: Nietzsche nennt nirgendwo in seinen Schriften, Briefen, Notizen und sonstigen Papieren den Namen Stirner. Dennoch gab es seit den 1890er Jahren, seit dem Einsetzen seines Ruhms, zahlreiche und auch gewichtige Stimmen, die die starke Vermutung aussprachen, dass Nietzsche Stirners *Einzigen* gekannt haben muss.

Am authentischsten – gleichwohl fast diplomatisch – ist die Einschätzung von Nietzsches langjährigem engen Freund Franz Overbeck:

> Es unterliegt keinem Zweifel, dass Nietzsche sich bei Stirner eigentümlich verhalten hat. Wenn er aber seine große habituelle Mitteilsamkeit bei ihm nicht ungehemmt hat walten lassen, so ist freilich das ganz gewiss nicht geschehen, um irgendeinen Einfluss auf ihn zu sekretieren (der im genauen Sinne gar nicht vorhanden ist), sondern weil er von Stirner einen

---

17 Vgl. den Versuch, das Chaos zu durchdringen: Rahden, Wolfert von: „Eduard von Hartmann ‚und' Nietzsche. Zur Strategie der verzögerten Konterkritik Hartmanns an Nietzsche", in: *Nietzsche-Studien*, 13 (1984), 481–502.

18 Hartmann, Eduard von: *Phänomenologie des sittlichen Bewusstseins*, Berlin ³1922, 137, 609.

> Eindruck empfangen hat, mit dem er im allgemeinen für sich allein fertig zu werden vorziehen mochte.[19]

Eduard von Hartmann, der oben genannte, früh zu Ruhm gekommene Altersgenosse des noch unbekannten Nietzsche, war sich sicher, dass dieser den *Einzigen* gekannt hat. Er schloss dies aus der Art und Weise, wie Nietzsche in seiner *Zweiten unzeitgemäßen Betrachtung* (1874) ihn und sein Werk *Philosophie des Unbewussten* verspottet.[20] Denn Nietzsche konzentriert sich dabei auf ein Unterkapitel des Buchs, auf ca. 20 Seiten von 700. Während er sich wiederholt über Hartmanns „Erstling" und die Phrase von der „vollen Hingabe an den Weltprozess" lustig macht, unterlässt er es, auf die in diesem kurzen Unterkapitel untergebrachte dreiseitige Beurteilung Stirners (Hartmann: „ein ihm so kongenialer Denker") einzugehen. Hartmann sah keinen Grund, auf Nietzsches Schmähschrift zu reagieren. Er meldete sich erst zu Wort, als um 1890 unerwartet Nietzsches Ruhm einsetzte, und stellte Nietzsche als Plagiator Stirners hin, zudem als einen, der das Niveau des Originals bei weitem nicht erreicht.[21]

Zum Verhältnis Nietzsche/Stirner äußerten sich damals viele Autoren. Den Gegenpol zu Hartmann besetzte der Neukantianer Alois Riehl, der den Namen Stirner nicht einmal aussprechen mochte:

> Und noch größeren Mangel an der Fähigkeit, die Geister zu unterscheiden, verrät es, wenn man ihn [Nietzsche] ... mit dem Autor des Buches *Der Einzige und sein Eigentum* zusammenstellt – dies aber heißt nichts anderes, als Schriften von fast beispielloser Macht der Rede und einer verhängnisvollen Kraft des Genies mit einer literarischen Kuriosiät zusammenstellen.[22]

Die Debatte über einen möglichen Einfluss Stirners auf Nietzsche hatte zwar ihren Höhepunkt in den Jahren um 1900, blieb aber marginal und verebbte bald, Riehls Diktum mehr oder weniger akzeptierend, ohne klares Ergebnis.

In jüngerer Zeit hat Rüdiger Safranski in einem längeren Kapitel seines Nietzsche-Buchs eine Summe gezogen: „Die Stirnersche Philosophie war ein grandioser Befreiungsschlag ... Als einen solchen Befreiungsschlag wird Nietzsche sie wohl erlebt haben zu dem Zeitpunkt, als er sich Raum für das eigene Denken verschaffen musste." Am Ende besinnt sich Safranski jedoch und schreitet abrupt von der Würdigung Stirners zur Herabwürdigung: „Allerdings wird Nietzsche bei Stirner etwas gänzlich Fremdes und

---

19 Zit. n. Bernoulli, Carl Albrecht: *Franz Overbeck und Friedrich Nietzsche. Eine Freundschaft*. 2 Bde., Jena 1908, I/136.

20 Nietzsche, Friedrich: „Vom Nutzen und Nachteil der Historie für das Leben [1874]", in: ders.: *Kritische Studienausgabe*, Bd. 1, 245–334 (311–324).

21 Hartmann, Eduard von: „Nietzsches ‚neue Moral'", in: *Preußische Jahrbücher*, 67 (1891), 504–521; erweitert in: ders.: *Ethische Studien*, Leipzig 1898, 34–69.

22 Riehl, Alois: *Friedrich Nietzsche. Der Künstler und der Denker*, Stuttgart 1897, 81.

sicherlich auch für ihn Abstoßendes wahrgenommen haben": ... den „Kleinbürger, dem das Eigentum alles bedeutet, auch wenn es nur das Eigentum an sich selbst ist".[23]

Safranski, der sich in seiner Darstellung über Strecken an einem Artikel orientierte, den ich zum Nietzsche-Jahr 2000 schrieb, hätte aus ihm auch etwas über den Zeitpunkt der Konfrontation Nietzsches mit Stirner, den er auf 1874 verlegt, erfahren haben können: „Im Oktober 1865 hatte Nietzsche eine längere, intensive Begegnung mit Eduard Mushacke [dem Vater seines Freundes Hermann Mushacke], der damals [im Vormärz] zum Kreis um Bruno Bauer gehört hatte und mit Stirner befreundet gewesen war. Die unmittelbare Folge [für den jungen Nietzsche] war eine tiefe geistige Krise und ein panikartiger ‚Entschluss zur Philologie und zu Schopenhauer'."[24]

Auch Safranski beschreibt, wie viele Biografen Nietzsches, dessen „Schopenhauer-Erlebnis" mit Worten wie „Rausch", „Ergriffenheit", „Bekehrung". Aber er übernimmt, ebenfalls unkritisch, Nietzsches eigene Legende vom Zufall etc., eruiert nicht den möglichen oder wahrscheinlichen Grund dieses Erlebens, das ich als Nietzsches initiale Krise bezeichnet und als unmittelbare Reaktion auf die Konfrontation mit Stirners *Einzigem* während seines zweiwöchigen Aufenthalts bei Eduard Mushacke interpretiert habe.[25] Das „bemerkenswerte Verschweigen" Stirners durch Nietzsche, das Safranski und andere konstatierten, gewinnt damit an Plausibilität. Nietzsches klandestines Vade retro!, als Anstoß und Antrieb für sein philosophisches Werk, war ideengeschichtlich, neben dem Marx'schen, zweifellos das folgenschwerste.

VI

Das Jahr 1888 markiert den Übergang von der vierzigjährigen Verschollenheit des *Einzigen* zur sog. Stirner-Renaissance. 1888 erschien Friedrich Engels' Schrift *Ludwig Feuerbach und der Ausgang der klassischen deutschen Philosophie*, die Ersatz für die unveröffentlichte *Deutsche Ideologie* sein sollte. 1888 begann John Henry Mackay mit Nachforschungen zur Biografie Stirners und der Sammlung von Stirners verstreuten Artikeln und Zei-

---

23 Safranski, Rüdiger: *Nietzsche. Biographie seines Denkens*, München 2000, 122–129, hier 128f.

24 Laska, Bernd A.: „Dissident geblieben. Wie Marx und Nietzsche ihren Kollegen verdrängten und warum er sie geistig überlebt hat", in: *Die Zeit*, 27. Januar 2000 (www.lsr-projekt.de/msinnuce.html).

25 Laska, Bernd A.: „Nietzsches initiale Krise. Die Stirner-Nietzsche-Frage in neuem Licht", in: *Germanic Notes and Reviews*, vol. 33, n. 2, fall/Herbst 2002, 109–133 (www.lsr-projekt.de/nietzsche.html).

tungs-Korrespondenzen. 1888 war schließlich für Nietzsche zwar ein Jahr höchster literarischer Produktivität, an dessen Ende aber, medizinisch bis heute ungeklärt, sein dauerhaftes Verstummen stand, so dass leider keine Möglichkeit mehr gegeben war, ihn zu seinem Verhältnis zu Stirner, das sich als Thema bereits ankündigte, zu befragen.

Engels ging in seiner etwa 50 Seiten umfassenden Schrift, fünf Jahre nach dem Tod seines Partners Marx, im Gegensatz zu diesem einst in der *Deutschen Ideologie*, auf Stirner nur am Rande ein. Am Anfang des „Zersetzungsprozesses der Hegelschen Schule" habe David Friedrich Strauss gestanden, dann sei Bruno Bauer aufgetreten, „und schließlich kam Stirner, der Prophet des heutigen Anarchismus – Bakunin hat sehr viel aus ihm genommen – und übergipfelte das ‚souveräne Selbstbewusstsein' [Bauers] durch seinen souveränen ‚Einzigen'." Für den „Ausgang der klassischen deutschen Philosophie" habe aber Feuerbach gestanden.

> Da kam Feuerbachs *Wesen des Christentums*. Mit einem Schlag zerstäubte es den Widerspruch, indem es den Materialismus ohne Umschweife wieder auf den Thron erhob ... Man muss die befreiende Wirkung dieses Buchs selbst erlebt haben ... Die Begeisterung war allgemein: Wir waren alle momentan Feuerbachianer. Wie enthusiastisch Marx die neue Auffassung begrüßte ..., kann man in der *Heiligen Familie* lesen.

Engels vollzog hier, vielleicht unbewusst, eine folgenschwere Verfälschung der Chronologie, denn Feuerbachs Buch erschien 1841, in zweiter Auflage 1843, Stirners Buch 1844/45. Er bekräftigt sie einige Seiten später:

> Strauss, Bauer, Stirner, Feuerbach, das waren die Ausläufer der Hegelschen Philosophie ... Strauss hat ... Bauer hat ... Stirner blieb ein Kuriosum, selbst nachdem Bakunin ihn mit Proudhon verquickt und diese Verquickung ‚Anarchismus' getauft hatte: Feuerbach allein war bedeutend als Philosoph. (MEW 21, 259–307, hier: 271f., 291)

Der gravierende Fehler in der zeitlichen Abfolge wurde von der Forschung aller Richtungen nicht erkannt oder als belanglos übergangen. In der Forschung bekam sie beiläufig kanonischen Status und wurde nur ausnahmsweise problematisiert – so von dem deutsch-französischen Ideenhistoriker Henri Arvon auf einem Feuerbach-Kongress. Sein Kollege Hans-Martin Sass erwiderte ihm:

> Engels hat Prinzipien, Argumentationsmethoden und Gewichtungen hereingebracht, die durch noch so subtile philosophie-historische Forschung, wie Sie, Herr Arvon, sie treiben, leider nur durch Jahrzehnte langsam in Bewegung gebracht werden können, wenn überhaupt. Es gibt nur ganz wenige Schriften in der abendländischen Philosophie- und Geis-

tesgeschichte, die so schlagende Wirkung gehabt haben wie die von Engels.[26]

Engels' betont beiläufige Kategorisierung Stirners als Anarchist hatte nachhaltige Wirkung. Maßgebliche marxistische Theoretiker wie Eduard Bernstein, Georgi Plechanow, Franz Mehring und andere amplifizierten Engels' Hinweis in Artikeln und Büchern. Die Absicht dahinter ist leicht zu erraten: Sie wollten den Anarchismus, die ideologische Konkurrenz um die Gunst der Arbeiterschaft, diskreditieren, indem sie ihm als „Schwarzen Peter" den „Nihilisten" oder auch den „Kleinbürger" Stirner unterschoben. Dadurch geriet Stirner auch in die Monografien zum Anarchismus, die um 1900 aus aktuellen Anlässen (Attentaten) Konjunktur hatten. Die meisten Anarchisten hielten sich demgegenüber bedeckt. Schon Proudhon (1809–1865), der noch von Stirner kritisiert worden war (EE 50), und Bakunin (1814–1876), der in engem Kontakt zu den Berliner Junghegelianern gestanden hatte, erwähnten Stirner nie. Kropotkin (1842–1921) sah in Stirner einen Vorläufer des von ihm verachteten Nietzsche.

Max Nettlau, der anarchistische Historiker des Anarchismus, wollte eine Lanze für Stirner brechen, als er schrieb: „Max Stirner ... wurde meist missverstanden, zu seiner Zeit und seitdem; ... er begründete jenen breiten, echten Individualismus, der die Grundlage jedes freiheitlichen Sozialismus ist, die Selbstbestimmung eines jeden über die Beziehungen, in die er mit anderen zu treten wünscht."[27]

Diese wohlmeinende Interpretation der Ideen Stirners erinnert an die des Stirner-Biografen John Henry Mackay. Dieser war, zusammen mit dem Amerikaner Benjamin R. Tucker, Begründer des individualistischen Anarchismus – als Gegenstück des populären kollektivistischen. Beide engagierten sich für die Verbreitung Stirner'scher Schriften – Tucker gab die englische Version des *Einzigen* heraus –, hatten als Ultra-Liberale bzw. Libertäre aber kein Verständnis für die radikale Quintessenz der Stirner'schen Ideen, die der Grund der heftigen Repulsion des *Einzigen* auch bei den meisten Anarchisten war.

Rudolf Steiner (1861–1925) scheint hier unerwartet auf, denn er ist allgemein nur bekannt als Begründer der esoterischen Lehre der „Anthroposophie", deren lebenspraktische Zweige sich auf verschiedenen Gebieten wie Pädagogik („Waldorf"-Schulen), Pharmazie („Weleda"), Landwirtschaft („Demeter") etabliert haben. Kaum bekannt ist dagegen, dass Steiner in der gesamten ersten Hälfte seiner Schaffenszeit, in seinen „besten Jah-

---

26 *Atheismus in der Diskussion. Kontroversen um Ludwig Feuerbach*. Hg. v. Hermann Lübbe und Hans-Martin Sass, München 1975, 145f. (www.lsr-projekt.de/Henri-Arvon.html).

27 Nettlau, Max: *Der Vorfrühling der Anarchie*, Berlin 1925, 179.

ren", ein radikal aufklärerischer Philosoph war, der engagiert gegen jegliche Esoterik, gegen Spiritismus, Okkultismus, Theosophie u.ä. auftrat.

Als Ende 1893 Steiners Hauptwerk *Die Philosophie der Freiheit* erschien, ließ der Autor ein Exemplar an John Henry Mackay schicken. Er erklärte dazu, das Werk enthalte im ersten Teil „den philosophischen Unterbau für die Stirnersche Lebensauffassung" und im zweiten Teil die „ethische Konsequenz" daraus, die „in vollkommener Übereinstimmung mit den Ausführungen des Buches *Der Einzige und sein Eigentum*" stehe. Er habe dennoch keinen Grund gesehen, in diesem Werk auf Stirner einzugehen, werde dies aber in einer Neuauflage nachholen.[28] Steiner tat dies schon eher: in seiner 1895 erschienenen Monografie über Friedrich Nietzsche. Darin nennt er zwar Stirner „den freiesten Denker, den die neuzeitliche Menschheit hervorgebracht hat",[29] bleibt aber ambivalent. Da er zu dieser Zeit als Herausgeber von Nietzsches Werken im Gespräch war, kommt in dem Buch nicht zum Ausdruck, was er in Wirklichkeit meinte:

> Ich finde bei Stirner eine Energie des Lebens, ... eine Artisten-Heiterkeit und Artisten-Freiheit, die mir bei Nietzsche doch nicht vorhanden zu sein scheinen. Bei Stirner atmet man in noch reinerer Luft als bei Nietzsche ... Es ist die Optik des Lebens, nach der Nietzsche strebt, bei Stirner verwirklicht.[30]

Steiner engagierte sich in der Folge publizistisch weiter für Stirner und bekannte sich öffentlich zum „individualistischen Anarchismus". Das war durchaus riskant, weil in jener Zeit einige Attentate im Namen des Anarchismus begangen wurden und die öffentliche Meinung nicht differenzierte.

Im Jahre 1900 wandte sich Steiner jäh von Stirner ab – und schloss sich der einst von ihm bekämpften Theosophie an. Warum es dazu kam, muss aus den knappen Angaben erschlossen werden, die er fünfundzwanzig Jahre später als etablierter Begründer und Führer der anthroposophischen Bewegung in seiner Autobiografie gab. Er kommt dort allerdings nur in wenigen Zeilen auf jene radikale innere Zäsur zu sprechen, die ihn vom Aufklärer zum Esoteriker werden ließ: von seinem „Erlebnis mit J.H. Mackay und mit Stirner", von einer „geistigen Prüfung" und davon, dass damals seine „Seele mit dem rein ethischen Individualismus in eine Art Abgrund gerissen" werden sollte. Seine Schriften *Die Mystik im Aufgange* (1901) und *Das Christentum als mystische Tatsache* (1902) würden bezeugen, wie er jenem Sturz in den Abgrund entkam und seine tiefe Lebenskrise bewältigte.[31] Stir-

28 Brief Steiner an Mackay vom 5. Dezember 1893, in: *RSGA* 39, 193.

29 Steiner, Rudolf: „Friedrich Nietzsche – ein Kämpfer gegen seine Zeit" [1895], in: *RSGA* 5, 96–99.

30 Brief Steiner an Rosa Mayreder vom 20. August 1895, in: *RSGA* 39, 253f.

31 Rudolf Steiner: „Mein Lebensgang" [1925], in: *RSGA* 28, 372, 370.

ner war für den Anthroposophen „ein furchtbar deutlich sprechendes Symbolum der untergehenden Weltanschauung."[32]

Nach Friedrich Engels, John Henry Mackay und Eduard von Hartmann war es in den 1890er Jahren ein kaum bekannter Akteur, der den Aufstieg Stirners aus der Verschollenheit am effektivsten beförderte: Paul Lauterbach (1860–1895), einer jener genialischen jungen Literaten, wie sie für das *fin de siècle* zeittypisch waren. Ihm gelang es, während der Verlag Otto Wigand noch 1892 keine Chance für eine Neuauflage des *Einzigen* sah, 1893 das Buch im Verlag Reclam herauszubringen, noch dazu als preisgünstiges Taschenbuch. Lauterbach war allerdings keineswegs auf Stirners Seite, sondern begeisterter Nietzscheaner, dem Nietzsche-Archiv verbunden und Freund des Nietzsche-Vertrauten Heinrich Köselitz, alias Peter Gast. Lauterbachs Engagement für die Publikation des *Einzigen* ging auch aus selbst erfahrener Gedankenpein hervor, wie er an Gast schrieb: „Sechs Wochen hat mich St[irner] letzten Sommer [so] gequält, dass ich ihn zu drei Vierteln abgeschrieben habe. Welches Ferment!" Bei Stirner, dem „Anti-Geist", sei „die tiefinnerste Wurzel des Bösen" freigelegt. Die längere Einleitung, die Lauterbach für die Reclam-Ausgabe schrieb, habe „den einzigen Zweck, Unschuldige vor ihm zu schützen und Böswillige zu mystifizieren, lahmzulegen, wesentlich mit Nietzsches Hilfe." (21. Februar 1893) Vade retro! Und: „Die Einleitung ist erkämpft ... Hauptsache: Nietzsche ist in der ‚Univ-Bibl.', so knapp er immer sein mag." (18. September 1892) (HH 21–23) Lauterbachs Sorge um die Propagierung Nietzsches erwies sich bald als unbegründet. In kurzer Zeit überholte Nietzsche Stirner bei weitem, gemessen sowohl an Popularität als auch an Wertschätzung.

Während dieser Stirner-Renaissance, die noch vor Beginn des Weltkrieges auslief, erreichte der *Einzige* eine Gesamtauflage von mehr als 100.000 Exemplaren, davon 84.000 bei Reclam. Der verschollene Autor des 19. Jahrhunderts wurde eine Zeit lang populär, fand jedoch kaum ernsthafte Anhänger oder gar Fortsetzer. Die meisten Anarchisten hielten Distanz zu ihm und schwiegen. Der akademischen Welt galt er indes als Anarchist oder/und als Nihilist und geistiger Paria.

VII

Ähnlich wie beim Erscheinen des *Einzigen* im Vormärz, wo das Interesse am Werk auch aufgrund eines historischen Epochenbruchs erlosch und für Jahrzehnte verschwand, folgten der Renaissance des *Einzigen* infolge des Beginns des Weltkrieges 1914 Jahrzehnte der Vergessenheit. Aber wie einst gab es auch in dieser Zeit vereinzelte Stimmen, die die Repulsionsgeschich-

[32] Vortrag in Stuttgart am 1. Mai 1919, in: *RSGA* 192, 79.

te des Buchs bis in die 1960er Jahre fortschrieben, bis zum Einsetzen einer zweiten Renaissance des *Einzigen*.

Karl Joël (1864–1934), seit 1897 Ordinarius für Philosophie in Basel und als früher Nietzsche-Verehrer schon in den 1890er Jahren auch mit Stirner befasst, bedauerte 1934 in seinem *opus magnum*, seinerzeit die Gefährlichkeit des *Einzigen* unterschätzt zu haben. Jetzt warnte er eindringlich vor Stirner, dem „Fanatiker des Egoismus", denn dieser habe mit dem „wildesten Ketzerbuch, das je eine Menschenhand geschrieben", eine veritable „Teufelsreligion" gestiftet.[33]

Ludwig Klages (1872–1956) hat sich zu Zeiten der Stirner-Renaissance um 1900 nicht, sondern erstmals in seinem sechsten Lebensjahrzehnt zu Stirner geäußert, zwar marginal in seinem Nietzsche-Buch, aber apodiktisch, düster, prophetisch: „Der Tag, an dem Stirners Programm auch nur die Willensüberzeugung aller würde, ... wäre der ‚jüngste Tag' der Menschheit – und wird es vielleicht auch sein." Bei einem derart starken Urteil über den ausgeprägtesten „Lebensfeind" ist verwunderlich, dass Klages in seinem gleichzeitig entstandenen dreibändigen Hauptwerk *Der Geist als Widersacher der Seele* auf den „schier dämonischen Dialektiker" nicht näher eingeht.[34]

Edmund Husserl (1859–1938), der Begründer der Phänomenologie, dürfte Stirners *Einzigen* schon in seiner Studienzeit kennengelernt haben, denn Thomas Garrigue Masaryk (1850–1937), Professor für Philosophie und expliziter Gegner Stirners, war damals sein Freund und Mentor. Die einzige Spur bei Husserl: ein hinterlassenes Manuskript einer Vorlesung aus dem Jahr 1920. Darin präsentiert er den trivialen Gedanken, dass jeder Altruismus im Grunde auch Egoismus sei, als Stirners „leitenden Hauptgedanken". Dieser sei „in seiner Verkehrtheit leicht bloßzustellen" – was Husserl in wenigen Sätzen auch tut. Er muss aber damit etwas sehr Ernstes verdeckt haben, weil er die Kraft des Stirner'schen Gedankens ausgerechnet „versucherisch" nennt.[35] Husserl erwähnt Stirner, den „Versucher", in seinem kolossalen Werk nicht.

Hermann Schmitz (*1928), der Begründer der Neuen Phänomenologie, diskutiert, anders als Husserl, Stirner an mehreren Stellen seines ebenfalls kolossalen Werks. Wie oft in der Geschichte der Stirner-Repulsion, gibt auch Schmitz eher beiläufig Auskunft über die zentrale Bedeutung, die

---

33 Joël, Karl: *Wandlungen der Weltanschauung. Eine Philosophiegeschichte als Geschichtsphilosophie*, 2 Bde., Tübingen 1928/1934, II/634–651, hier 636, 648f.

34 Klages, Ludwig: *Die psychologischen Errungenschaften Nietzsches* [1926], Bonn ³1958, 58, 61.

35 Husserl, Edmund: *Manuskript F I 28* (1920), S. 118. Husserl Archief te Leuven. Erstmals publiziert in: ders.: *Einleitung in die Ethik*, hg. v. Henning Peucker, Dordrecht 2004, 87–92 (Husserliana, Bd. XXXVII).

Stirners *Einziger* für die Ausbildung seiner Lehre hatte und hat. Stirner stelle

> Subjektivität als ehrliche Herausforderung hin, ... die das Nachdenken dazu treiben kann, den von ihm leer gelassenen Platz des namenlosen Einzigen ... durch genaues Erforschen der Phänomene zu füllen, mit dem schließlichen Erfolg der Entdeckung der subjektiven Tatsachen am affektiven Betroffensein.[36]

Die epochale Bedeutung seiner Entdeckung betont Schmitz in einer Summa seiner Lehre. Durch sie werde „dem immer gefährlicher um sich greifenden ironistischen Zeitalter ... der theoretische Boden entzogen." Sie eröffne allerdings noch nicht „einen gangbaren Weg, dessen Fortschreiten zu vollendeter Frivolität in den Spuren Max Stirners aufzuhalten."[37] Schmitz schätzt – darin erinnert er an Daumer – Stirners „schonungs- und schamlose Anmaßung", seine „Ehrlichkeit" u.ä., sieht in seiner „Autonomie" aber „die des moralisch genialen Bösen im Sinne von Hegel."[38]

Carl Schmitt (1888–1985) hatte als Student den Einzigen als „wahre Erquickung" empfunden, was er damals freilich für sich behielt, das Diktum eines seiner Professoren im Ohr, es handele sich um ein „fluchwürdiges Buch." Er scheint seine jugendliche Begeisterung jedoch bald erstickt, verdrängt zu haben. Erst vier Jahrzehnte später, am Tiefpunkt seines Lebens, von den Alliierten inhaftiert, trat Stirner wieder in Schmitts Bewusstsein. Der „arme Max", berichtete er, sei „der Einzige, der mich in meiner Zelle besucht." Was Schmitt 1947 unter dem Titel *Weisheit der Zelle* in dem schmalen, 1950 erschienenen Band *Ex captivitate salus* niederschrieb, bezeugt, zusammen mit den Einträgen in seinem postum veröffentlichten *Glossarium*, wie Schmitt den einst erfolgreich verdrängten und nun wieder aufgetauchten Stirner erneut in die Verdrängung bannte. (KA 13–39, passim)

Jürgen Habermas (*1929), eingangs mit einem „Wir sind alle noch Junghegelianer"-Zitat erwähnt, hat sich offenbar als Student ebenfalls intensiv mit Stirner befasst. Naheliegend ist, dass der politisch Interessierte die Schrift *Weisheit der Zelle* (1950) von Schmitt kannte und durch dessen Ringen mit dem Dämon angeregt worden ist. Denn das erste, thematisch abgesetzte Kapitel seiner Dissertation, die Schellings Denken zum Thema hat, mutet an wie der befreiende Bannfluch eines einst von Stirner Verführten, ein geradezu panisches Vade retro! Das demonstrieren die Stellen, an denen Habermas mit Klartext aus dem philosophischen Jargon ausbricht. Zunächst stellt er sich unter den Schutz zweier Titanen, die Stirner schon

---

[36] Schmitz, Hermann: *Selbstdarstellung als Philosophie: Metamorphosen der entfremdeten Subjektivität*, Bonn 1995, 83.

[37] Ders.: *Kurze Einführung in die Neue Phänomenologie*, Freiburg/Br. 2009, 130f.

[38] Schmitz 1995, 89.

bewältigt hatten. Marx habe den *Einzigen* bereits „als Kompensationsprodukt eines verunglückten Schulmeisters" abgewertet. Und beim Vergleich mit Nietzsche sehe man, „dass das aus der Armut und Enge hervorgetriebene Mittelmaß durch einen Abgrund von der Radikalität des Genies geschieden ist." Dann interpretiert er eine Stelle des *Einzigen*, um sogleich zu triumphieren, hier werde „die Absurdität der Stirnerschen Raserei offenbar." Nicht genug damit, habe dies Stirner auch dazu gebracht, „mit der Rigorosität des Monomanen die stereotype Figur des auf seine Eigenheit versessenen Einzigen" zu schaffen, die Figur, an der Habermas die „zentrale Schwierigkeit seiner Konstruktion" erkennt und erledigt, indem er rhetorisch fragt: „Wie soll sich aber aus einer Mehrzahl solch tollwütiger Wölfe so etwas wie ein Verein bilden?"[39] Damit war Stirner dauerhaft gebannt; sein Name erschien bei Habermas nie wieder.

Nach dem Höhepunkt der sog. Stirner-Renaissance zu Stirners 100. Geburtstag im Jahre 1906 war die Zahl der Veröffentlichungen zum *Einzigen* rapide gesunken. Sogar die erstmalig vollständige Publikation des Marx'schen *Sankt Max* im Jahre 1932 hatte kein neues Interesse am *Einzigen* hervorgerufen. Er war seit Jahren vergriffen und blieb dies auf Jahrzehnte.

Eine ideenhistorische Sensation hätten die Arbeiten des bereits genannten Henri Arvon (1914–1992) Anfang der 1950er Jahre geworden sein können. Arvon legte dar, dass Stirners *Einziger*, entgegen der durch Engels etablierten Legende (s.o.), eine entscheidende Rolle in Marx' intellektueller Biografie gespielt hat: Er habe bewirkt, dass Marx sich 1845 von Feuerbach löste und – nach einer radikalen *rupture* bzw. *coupure épistémologique* – seine eigene theoretische Grundposition, den (erst 1892 von Engels so genannten) Historischen Materialismus konzipierte. Der junge Iring Fetscher (1922–2014), später ein renommierter Marx-Forscher, war der einzige, der 1952 über die von Arvon aufgedeckte „unerklärliche Lücke in der Marx-Forschung" engagiert berichtete; er kam, obwohl die Lücke bestehen blieb, nie mehr darauf zurück. (Siehe DD 143f.)

Eindeutig anathematisch war die Reaktion des marxistischen Philosophen Louis Althusser (1918–1990), der damals auf dem gleichen Gebiet forschte wie Arvon, auf die Enthüllung seines Kollegen. Er übernahm in seiner Schrift *Pour Marx* (1965) stillschweigend Arvons These der *rupture* in der theoretischen Entwicklung von Marx – und begründete damit seinen Ruhm. Der plagiatorische Aspekt interessiert hier jedoch nur sekundär. Fast unglaublich ist, dass Althusser das Werk, das im Zentrum der *rupture* im Werk von Marx steht, dessen monumentalen *Sankt Max*, vollständig übergeht und, selbstredend, den Namen Stirner nicht einmal erwähnt: ein

[39] Habermas, Jürgen: *Das Absolute und die Geschichte. Von der Zwiespältigkeit im Denken Schellings*, Diss. Univ. Bonn, 1954, 23, 31–33.

Paradebeispiel für das Wort vom „Elefanten im Raum", den niemand sieht bzw. sehen will, in diesem Fall nicht nur Althusser, sondern auch seine zahlreichen Schüler und Kommentatoren. (DD 83f., 146ff.)

VIII

Erst 1966 sorgte Hans G. Helms (1932–2012) mit einer 600-seitigen Wirkungsgeschichte des *Einzigen* unter dem Titel *Die Ideologie der anonymen Gesellschaft* für den Beginn einer zweiten Stirner-Renaissance.[40] Wie die erste unter der Ägide des dominierenden Nietzscheanismus stattfand, so die zweite, dem gewandelten Zeitgeist gemäß, unter der des Marxismus.

Helms identifiziert sich mit Marx' Anti-Stirner-Furor von 1846 und phantasiert sich, nach dem von der Marx'schen Prognose offenkundig abweichenden Verlauf der seitherigen Geschichte, in die Rolle eines Erneuerers des Marx'schen Projekts, der die ideologische Wurzel des Übels freilegt. Er stellt zwar fest: „Hier und heute scheint Stirner über Marx obsiegt zu haben." Aber dem könne jetzt begegnet werden, denn Marxisten (wie er) hätten „den Eiterherd wahrgenommen." (IAG 495) Zu dessen Bekämpfung habe er die „oft Heiterkeit, häufiger Ekel erregende, immer beängstigende Arbeit" (IAG 501) an seinem Buch auf sich genommen. Wie keiner vor ihm bringt er die später so genannte Faschismuskeule zum Einsatz. Die von Stirner begründete Ideologie sei „Faschismus in seiner reinen Gestalt" (IAG 500) und, vor allem, nach wie vor in der Bundesrepublik virulent. Plakativ assoziiert er Stirner schon auf der Titelseite des Umschlags mit Goebbels und Mussolini, dann im Vorwort (IAG 5) mit Hitler, in dessen Buch *Mein Kampf* es zahlreiche „Parallelstellen" zu Stirners *Einzigem* gäbe. Trotz des hanebüchenen Konzepts und der auf bloße Insinuationen und Askriptionen bauenden, haarsträubenden Hauptthesen des Buches beauftragte der Hanser-Verlag Helms mit der Herausgabe und Kommentierung einer Textauswahl aus Stirners Schriften, die 1968–70 in drei Auflagen erschien.[41]

Der Reclam-Verlag, in dessen „Universalbibliothek" der *Einzige* von 1893 bis 1928 erschienen war, nahm das Werk 1972 wieder in sein Programm. Der neue Herausgeber, Ahlrich Meyer (*1941), schrieb ein ausführliches Nachwort, dem er eine eigentümliche Notiz voranstellte:

> Die Notwendigkeit eines neuerlichen Nachdrucks des *Einzigen und sein Eigentum* zeigt, dass wir mit Stirner noch nicht am Ende sind … Die Re-

---

40 Helms, Hans G.: *Die Ideologie der anonymen Gesellschaft. Max Stirners „Einziger" und der Fortschritt des demokratischen Selbstbewußtseins vom Vormärz bis zur Bundesrepublik*, Köln 1966.

41 Stirner, Max: *Der Einzige und sein Eigentum und andere Schriften*. Ausgewählt und mit einem Nachwort hrsg. v. Hans G. Helms, München 1968 (2. Aufl. 1969; 3. Aufl. 1970); vgl. dazu: HH 29–39.

> naissance des anti-marxistischen Denkens und verschiedener existentialistischer Ghetto-Ideologien hat hierzulande ... seine Erfolgsgeschichte um ein weiteres Kapitel bereichert, ohne dass das geistige Elend seines Ursprungs zur Kenntnis genommen worden wäre.[42]

Helms' Darstellung der Rezeptionsgeschichte des *Einzigen* als Auftakt der zweiten Stirner-Renaissance war ungezügelt manipulativ. Sie wurde dennoch kaum kritisiert, vielmehr wegen ihrer „antifaschistischen" Stoßrichtung von zeitgeistkonformen Autoren gelobt: als „erschöpfende Analyse" (Hans Heinz Holz, 1927–2011), „ausgezeichnetes Buch" (Ulrich Sonnemann, 1912–1993), „verdienstvolles Unternehmen" (Wolfgang Fritz Haug, *1936). ZEIT und SPIEGEL brachten wohlmeinende Rezensionen.[43] Der marxistische Philosoph Hans Heinz Holz verklausulierte sein Vade retro! wie folgt: „Der Stirnersche Egoismus [führte], würde er praktisch, in die Selbstvernichtung des Menschengeschlechts."[44] In ähnlicher Diktion äußerte sich, ebenfalls nach Helms schreibend, der dissidente polnische Marxist Leszek Kołakowski (1927–2009): „Die [von Stirner angestrebte] Destruktion der Entfremdung, also die Rückkehr zur Authentizität, wäre nichts anderes als die Zerstörung der Kultur, die Rückkehr zum Tiersein, ... die Rückkehr zum vormenschlichen Status."[45]

Aber nicht nur Autoren, die die damalige intellektuelle Hegemonie des Marxismus stützten, begrüßten Helms' Arbeit, sondern auch Skeptiker wie z.B. der italienische Kulturphilosoph und Verleger (Adelphi Edizioni) Roberto Calasso (*1941). Helms habe, so Calasso, wenn auch „vom Hass mitgerissen", dennoch „eine verdienstvolle Arbeit geleistet, indem er die zahlreichen und pittoresken Degenerationsformen, die sich von Stirner herschreiben, gesammelt hat." Diese seien, genau genommen, sekundäre Degeneration, denn schon „Stirner ist Degeneration."[46] Für Calasso ist Stirner eine singuläre Erscheinung, „der künstliche Barbar". Er allein sei es, der am Ursprung der Entartung unserer Zeit steht: „Die Welt von heute stammt, ohne es zu wissen, in höherem Maße von Stirner ab als von Marx, Freud und Nietzsche."[47]

Diese evident kontrafaktische These liegt *mutatis mutandis* nicht nur Helms' und Calassos Sicht zugrunde, sondern auch dem bis dato umfangreichsten Werk zu Stirners *Einzigem*: Alexander Stulpes im Jahre 2010 er-

---

42 EE (ab Auflage 1981) 461f.

43 Siehe DD, Kap. „Der Protofaschist", 84–87.

44 Holz, Hans Heinz: *Die abenteuerliche Rebellion*, Darmstadt 1976, 22.

45 Kołakowski, Leszek: *Die Hauptströmungen des Marxismus*, Bd. 1, München 1977, 189.

46 Calasso Roberto: „Zur Stirner-Lektüre", in: ders.: *Die neunundvierzig Stufen*, München 2005, 257–306, hier 286f.

47 Ders.: „Der künstliche Barbar", in: ders.: *Der Untergang von Kasch*, Frankfurt/M. 1997, 312–347, hier 318.

schienener, 1000 Großoktavseiten füllender Studie *Die Gesichter des Einzigen*, dem dritten kolossalen Anti-Stirner nach denen von Marx und Helms. Stulpe arbeitet, wie Helms, vorwiegend mit der Methode der „Askription", um die Ubiquität des Stirnertums zu belegen. Er endet jedoch, anders als noch der zukunftsfrohe Marxist Helms, in Resignation. Unsere moderne Gesellschaft habe sich den *Einzigen* „in seiner Vielgestaltigkeit so gründlich einverleibt, dass sein philosophischer Schöpfer längst vergessen, er aber überall ist ... Dieser Einzige wird so bald wohl nicht verschwinden."[48]

Das interessanteste Echo auf Stulpes Werk kam von Peter Sloterdijk (*1947). Der hatte 1983 in seinem berühmten philosophischen Erstling geschrieben: „Stirners Idee ist es, aus seinem Kopf alle fremden Programmierungen einfach hinauszuwerfen ... Man kann auf vielen hundert Seiten nachlesen, wie sich Marx und Engels über diesen im Grunde schlichten Gedanken aufgeregt haben."[49] Das Thema Stirner schien damit für ihn erledigt. Drei Jahrzehnte später fand er „Stirners Idee" nicht mehr schlicht. Im Gegenteil: in seinem bislang prätentiösesten kulturphilosophischen Werk *Die schrecklichen Kinder der Neuzeit* (2014) rückt Sloterdijk Stirner ins Zentrum seiner Betrachtungen: „In Stirners *Der Einzige und sein Eigentum* erreicht das schreckliche Kind der Neuzeit seine Reflexionsgestalt."[50] Jetzt sei ihm begreiflich, warum Marx und Engels sich „in den polemischen Exerzitien der *Deutschen Ideologie* (1845) besonders an den Thesen Stirners abarbeiteten."[51] Begreiflich wurde ihm dies durch die Dissertation von Stulpe, deren Quintessenz er zustimmend zitiert: „In dem breit angelegten Werk entfaltet der Verfasser seine These: ‚Stirner ist heute vergessen, weil der Einzige selbstverständlich geworden ist.'"

IX

Stirner schrieb in seiner Replik auf die Rezensionen des *Einzigen* durch Feuerbach, Szeliga und Hess: „Statt auf den Egoismus, wie er von Stirner aufgefasst wird, näher einzugehen, bleiben sie bei ihrer von Kindesbeinen an gewohnten Vorstellung von demselben stehen und rollen sein allem Volke so wohlbekanntes Sündenregister auf." (PKR 156) Es sei doch ver-

---

48 Stulpe, Alexander: *Gesichter des Einzigen. Max Stirner und die Anatomie moderner Individualität*, Berlin 2010, 935; vgl. dazu Laska, Bernd A.: „Der Stachel Stirner. Rezensionsessay", in: *Aufklärung und Kritik*, 17. Jg., 2010, Heft 4, 272–279 (www.lsr-projekt.de/stachel.pdf).

49 Sloterdijk, Peter: *Kritik der zynischen Vernunft*, 2 Bde., Frankfurt/M. 1983, I/191f.

50 Ders.: *Die schrecklichen Kinder der Neuzeit*, Berlin 2014, 452–470 (468); vgl. dazu Laska, Bernd A.: Beitrag vom 15. Aug. 2014, in: Literaturkritik.de (http://literaturkritik.de/public/mails/rezbriefe. php?rid=19612#2834).

51 Ebd., 461.

wunderlich, so Stirner, dass er angesichts dessen, „wie einfältig, wie gemein und wie raubmörderisch der Egoismus sei, [sich nicht] bestimmen ließ, dem hässlichen Ungetüm abzusagen." (PKR 158)

In diesem Text versuchte Stirner, seinen *Einzigen* ergänzend und erklärend, den von ihm gemeinten „Egoismus" mit dem damals verfügbaren begrifflichen Inventar und eigenen Neubildungen zu vermitteln. Der Psychoanalytiker Bernd Nitzschke bescheinigte ihm erstaunliche psychologische Einsicht. Er schreibe, „als hätte er ein modernes psychoanalytisches Lehrbuch über Symbiose, Trennung und Individuation gelesen."[52] Der Freudianer brach jedoch, nach kurzer Faszination, die Beschäftigung mit Stirner ab. Er mag geahnt haben, dass Stirner bereits ein halbes Jahrhundert vor Freud dessen „kulturalistischen" Rahmen überschritten hatte. Gegen Freuds bekanntes therapeutisches Diktum „Wo Es war, soll Ich [samt Über-Ich] werden", hat bzw. hätte Stirner gesetzt: „Wo Über-Ich war, soll Ich werden". Stichworte müssen hier genügen. Den zentralen anthropologischen Gehalt des Stirner'schen Werks habe ich andernorts dargestellt.[53]

Auch fast alle Autoren jüngerer Abhandlungen über Stirners Ideen ignorieren, wie 1845, „den Egoismus, wie er von Stirner aufgefasst wird", vielleicht, weil sie sich ihn nicht einmal als Denkmöglichkeit vorstellen können oder mögen, vielleicht aber auch – und das liegt nach Kenntnis der „Repulsionsgeschichte" des *Einzigen* näher – als Abwehr, nach wie vor. Vade retro!

Abkürzungen

DD Laska Bernd A.: *Ein dauerhafter Dissident. 150 Jahre Stirners „Einziger". Eine kurze Wirkungsgeschichte*, Nürnberg 1996.

EE Stirner, Max: *Der Einzige und sein Eigentum* [1845], Stuttgart 1972.

HH Laska, Bernd A.: *Ein heimlicher Hit. 150 Jahre Stirners „Einziger". Eine kurze Editionsgeschichte*, Nürnberg 1994.

HF Mönke, Wolfgang: *Die heilige Familie. Zur ersten Gemeinschaftsarbeit von Karl Marx und Friedrich Engels*, Berlin (Ost) 1972.

IAG Helms, Hans G.: *Die Ideologie der anonymen Gesellschaft. Max Stirners „Einziger" und der Fortschritt des demokratischen Selbstbewußtseins vom Vormärz bis zur Bundesrepublik*, Köln 1966.

---

[52] Nitzschke, Bernd: *Die Liebe als Duell*, Reinbek 1991, 18.

[53] Laska, Bernd A.: „Individuelle Selbstermächtigung und rationales Über-Ich, Max Stirner als psychologischer Denker", in: Wolf-Andreas Liebert/Werner Moskopp (Hg.): *Die Selbstermächtigung der Einzigen*, Berlin 2014, 127–163 (www.lsr-projekt.de/Max-Stirner-Psychologe.pdf).

KA	Laska, Bernd A.: *„Katechon" und „Anarch". Carl Schmitts und Ernst Jüngers Reaktionen auf Max Stirner*, Nürnberg 1997.
MEW	Marx, Karl/Engels, Friedrich: *Werke*, Berlin (Ost) 1956ff.
NDDI	Andréas, Bert/Mönke, Wolfgang: *Neue Daten zur „Deutschen Ideologie"*, in: Archiv für Sozialgeschichte, Bd. VIII (1968).
PKR	Stirner, Max: *Parerga, Kritiken, Repliken*, hrsg. v. Bernd A. Laska, Nürnberg 1986.
RSGA	Steiner, Rudolf: *Gesamtausgabe*, Dornach 1955ff.